KB199308

유아들과 함께하는
다중지능 숲
프로그램

유아들과 함께하는 다중지능 숲 프로그램

류숙희, 김순녀, 황창하, 이계화, 조월득
유선미, 박옥순, 윤경희, 박인기, 이미진
지음

한국학술정보㈜

　　다중지능이론이 1983년 하워드 가드너 박사에 의해 소개된 지 어느덧 20여 년이 지나가고 있습니다. 우리나라에서는 다른 어느 나라보다도 활발히 다중지능이론을 공부하고, 적용하고, 교육현장에 뿌리내리고자 연구자, 교육자들께서 부단히 노력해 가고 있습니다. 지금까지 국내에 다중지능과 관련하여 발표된 학위 및 학회발표논문만도 수백 편에 이르고 있으며, 다중지능과 관련된 다양한 교육 프로그램과 검사들이 출시되고 있는 것을 보면 다른 나라에서의 관심도와는 양적으로나 질적으로 큰 차이가 있습니다.

　　이것은 우리나라 교육 관련자들께서 어린이들이 가지고 있는 잠재력에 대해 오랫동안 관심을 가져왔었고, 또 어린이들 모두가 자신의 잠재력을 이 땅에 실현시켜 충족적인 삶을 살아야 한다고 믿고 있으며, 자라나는 세대인 어린이에 대한 무한한 애정과 사랑을 적극적으로 표현하기를 원하는 데서 온 것이라고 생각합니다.

　　2004년 우리들은 서초동의 '한국유아교육협회'의 조그만 회의실에서 첫 만남을 가졌습니다. 모두들 교육에의 남다른 열정과 관심을 가지고 있었지만 우연한 만남이었습니다. 이 만남의 끈이 계속 이어져, 2005년 우리들은 "다중지능연구회"라는 이름을 걸고 '다중지능연구소'의 작은 회의실에서 첫 모임을 가졌습니다. 이 모임은 '모든 어린이 안에 숨어 있는 다양한 잠재능력의 발견과 계발'이라는 다중지능이론의 철학과 교육관을 교육현장에 실현하는 데에 관심을 둔 유아보육기관장을 중심으로 만들어진 연구 및 스터디 모임으로 규정되었습니다. 그리고 이 책은 매달 1회 연구모임을 통해 다중지능이론과 실제에 대해 토의한 결과물입니다.

우리는 처음 교육현장에서의 다양한 다중지능 활동사례를 모으기로 하였습니다. 그런데 활동들을 모으고 토론하다 보니 '숲과 자연' 속에서의 다중지능 활동은 훨씬 풍부하고, 아름다운 경험을 유아에게 제공할 것이라는 데에 동의하게 되었습니다. 인공물과 닫힌 공간이 아닌 자연물과 생기, 열린 공간인 숲 속에서의 다중지능 영역의 경험은 유아들에게 특별한 경험이 될 것이라는 데에 우리 모두가 공감한 것입니다.

아무쪼록 연구자와 현장의 교육책임자와 함께 고민하고 토론하여 만든 이 연구집이 아름다운 숲에서 어린이들의 잠재력이 새롭게 발견되고 계발되는 좋은 교육의 시작점이 되었으면 하는 마음 간절합니다. 또한 이와 같은 연구모임과 토론이 우리나라 곳곳에서 이루어져서 우리나라의 유아 교육사를 든든히 하는 밑거름이 되기를 바랍니다.

마지막으로 이 책의 활동을 실제로 수행하고, 수업 후 감상을 써 주신 여러 기관의 선생님들께도 깊은 감사를 드리고자 합니다. 또한 숲 속에서의 여러 가지 활동에 관심을 가지고 참여해 준 각 기관의 어린이들에게도 사랑과 감사를 표하고자 합니다. 그리고 이 모임에 함께하여 토론하여 주신 한경원 선생님(안산 데레사 유치원 원장), 김정화 선생님(강원 명성유치원 원장), 그리고 이 모임을 위해 도움과 격려를 해 주신 다중지능연구소 여러분들께도 감사를 드립니다.

저자 일동

목차

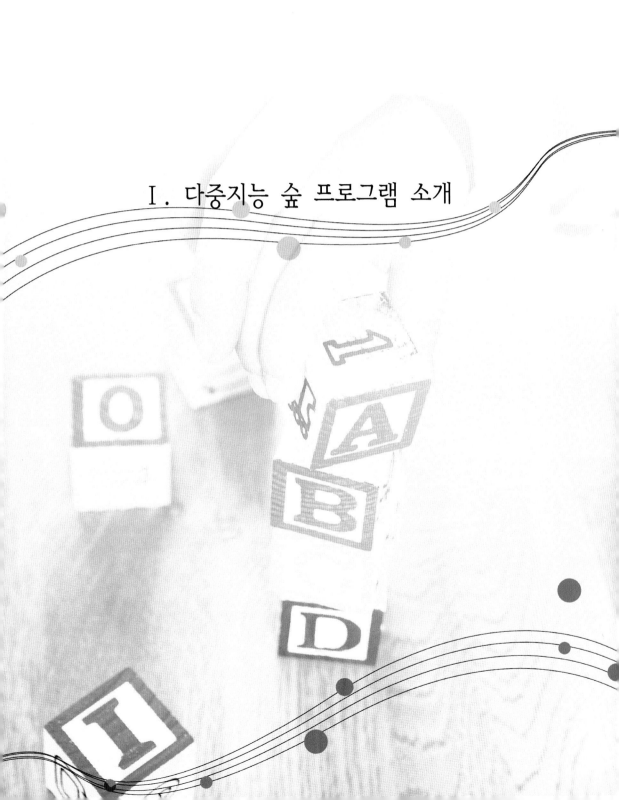

Ⅰ. 다중지능 숲 프로그램 소개

1. 숲 프로그램과 다중지능이론

1) 숲 프로그램의 의의

우리의 고정된 관념 속에 유아와 자연을 가두어서는 안 된다. 자연 환경을 의식하지 않고 자연을 대상으로만 인식해 온 지난 한 세기 동안 인간의 생활모습은 상상을 초월할 정도로 달라졌다. 그 안에 길들여진 우리의 눈으로는 아이들의 희망찬 미래를 쉽게 단정할 수 없기 때문에, 우리는 자연과 인간이 더불어 존재한다는 것을 그들이 깨달을 수 있도록 기회를 제공해야 한다. 아이들에게 자연과 인간을 향한 사랑과 가능성에 대한 희망을 일깨울 수 있다면, 그리고 그 사랑이 인간과 자연 안에서 실현될 수 있다면 그들의 미래는 보장될 수 있다.

숲에서 뛰어놀던 어린 시절의 기억은 이제 쉽게 만들어줄 수 없는 선물이 되었다. 어린이들이 아무런 편견 없이 자연에 다가갈 수 있도록 돕는 것은 우리들의 과제이다.

자라나는 어린이들에게 필요한 것은 자연에 대한 지식이 아니라, 자연을 올바로 보고 받아들일 수 있는 감성이다. 날이 갈수록 맑은 공기와 계곡을 흐르는 깨끗한 물, 녹음과 같은 자연이 그리워지는 것은 왜일까? 그 자연의 맛과 멋을 알기 때문이 아닐까? 요즘 도시에서 자라나는 어린이와 청소년들에게서 고향의 향취가 묻어

나는 자연에 대한 그리움은 찾아보기 힘들다.

어린이들이 한 사람으로 온전하게 성장하기를 바란다면 아이들에게 자연을 접할 수 있는 기회를 주어야 한다. 자연에 대한 직접적인 체험이야말로 진정한 자연의 모습을 볼 수 있는 눈을 길러 주며, 이것이 바로 그들의 가능성을 키우는 불씨가 될 것이다.

자연에 대한 경험이 많아질수록 관심과 욕구도 증가한다. 자연 환경을 이해하면서 환경과 자신의 관계를 발견하고 직접적이고 감각적이며 개인적인 경험들을 통하여 정교한 사고를 할 수 있게 된다. 결국 이를 통해 어린이들은 자발적으로 활동하고 학습하려는 태도를 갖는다. 자연 체험을 통해 얻어지는 생생한 체험의 기억과 창의력은 결국 자연과 인간의 유기적인 관계에 대한 인식뿐만 아니라 그 안에 존재하는 인간의 자의식을 일깨워 준다. 자연 환경을 체험함으로써 정신적, 정서적, 신체적으로 건강하게 성장할 수 있다.

숲은 대지의 바로 전 모습이다(전영우, 김상윤, 류창희, 박붕우. 1993). 숲은 보는 시각과 관점에 따라 다양하게 부를 수 있다. 숲, 삼림, 산, 동산, 산속, 등등이 그것이다. 그중에서 우리는 산이라는 용어를 가장 많이 쓴다. 숲을 대상으로 하는 현장 체험 학습의 효과는 많은 연구를 통하여 친환경적 태도를 기르는 방법으로 효과가 입증되었다.

자연 속에서 유아들의 생활과 놀이는 원만하고도 균형 있는 성격이 형성되도록 유아를 자연스럽게 이끈다고 보고한 Kolhner(1998)와 Hafner(2002)의 연구 결과 숲에서 활동한 유아들은 그렇지 않은 유아들에 비해 상상력과 창조성, 수업에서 협력, 사회적 행동과 동기 부여, 표현 능력에서 높은 성취력을 나타낸다고 보고한 것과 배용철(2003)의 홀리스틱 생태 소양 학습 프로그램에서 숲과 관련한 환경 친화적 활동이 아동들의 학습 동기를 강화하며 수업에 흥미를 가져왔으며, 생명 존중에 대한 의식과 환경 보존에 대한 의식을 고취시키며 지구상의 모든 것들은 소중하며 공존한다는 인식을 갖는 데에 효과적이었다는 연구 결과가 보고되었다.

또한 숲 프로그램을 통한 교육은 인간과 생태계의 총체적 유기적 관계를 이해시키는 데서 출발한다. 특히 어린 시절 야외에서의 직접적인 자연 체험이 책임 있는 삶에 가장 중요한 영향을 준다고 한다.

특히 최근 대두되는 숲 체험 위주의 생태 교육은 단순히 생태를 이해하고 지식을 축적하는 것만으로 환경을 이해하여 환경 과학이나 환경 공학적인 측면에만 초점을 두는 것이 아니다. 생태 교육은 생태계에서 실제로 일어나는 현상을 오감으로 체험하면서 생각과 사고의 변화를 꾀하는 것이며, 이를 통해 배운 것을 실제 생활 속에서 실천해 내는 데 그 목적이 있다. 생태계를 이해함으로써 생활양식을 변화시키고, 나아가서는 자연 생태와 더불어 호흡하며, 생명에 대한 올바른 이해를 통해 생명의 존엄성을 배우고 자연스럽게 긍정적인 인성 발달에 이르도록 한다.

현재 우리 교육이 생물이나 사물 혹은 사건을 분석, 평가하는 것이 목적이라면, 체험 위주의 교육 활동은 사물과 생물에 대한 외형적인 것을 직접 피부로 경험해 보는 것이다. 사실상 자연 생태의 의미를 분석하고 평가하는 것에 대한 접근법은 모순이 많다. 분석과 평가를 통해서 밝혀질 수 있는 것은 그 사물에 대한 부분일 뿐이며, 본질을 이해하는 것과는 거리가 멀다.

그 본질에 점점 가까이 접근하기 위해서는 사물을 직접 체험하고, 자신의 생활과 사회의 여러 가지 상황을 비교 검토해 보는 교육 활동이 되어야 한다. 이것이 바로 체험 위주의 교육 활동이며 체험 위주의 숲 활동이다.

숲을 직접 체험하고 관찰하는 가운데 본질을 파악하고, 그러한 자연을 구성하고 있는 생명체들의 관계를 이해한 후 마침내 그 이름을 익힌다면 자연에 대한 많은 편견에서 벗어날 수 있을 것이다. 이름은 나와 생물의 교감을 위한 것이 아니라 의사소통의 수단일 뿐이다. 숲은 진정한 자신을 돌아볼 수 있는 환경과 기회를 마련해 줄 것이다.

나날이 산업화와 시멘트화되어 가는 현대 사회 환경 속에서 유아들은 신체적, 정신적으로 유아의 타고난 순수함을 유지 발달시켜 나가기가 사실상 어려운 형편이다. 즉 오늘날의 유아들은 자동차의 이기와 텔레비전의 영향 등으로 운동 부족 현상과 그로 인한 정상적인 발달이 장애를 받고 있으며, 갈수록 자연에서 소외된 생활을 하고 있다(이명환, 2003).

유아들은 숲에서 자연 체험 활동을 하면서 여러 가지 크고 작은 난관을 극복하는 방법을 몸소 피부로 느껴가며 자연스럽게 획득하게 된다. 더 나아가 유아의 모든 감각 기관이 숲의 생활을 통해 적절한 자극을 받아 촉진되게 되며, 숲 속의 식물, 동물, 광물들이 유아의 더할 나위 없는 좋은 친구가 된다. 무엇보다도 숲은 유아에게 무한한 판타지와 탐구와 탐험심 그리고 창의력을 제공하고 촉진시키는 원동력이 된다(이명환, 2003).

그러나 한국의 유아 교육 기관에서의 자연 체험 활동은 극소수의 기관을 제외하고는 특별행사 교육 프로그램의 일환으로 산발적이고도 형식적으로 행해지거나 혹은 현장 견학 활동으로 대치되고 있는 현실이다.

앞으로 유치원에서의 자연 체험 활동 및 숲 프로그램의 의의 및 중요성과 필요성을 인식하고 실천하기 위한 노력이 필요하다.

2) 다중지능 유아용 프로그램

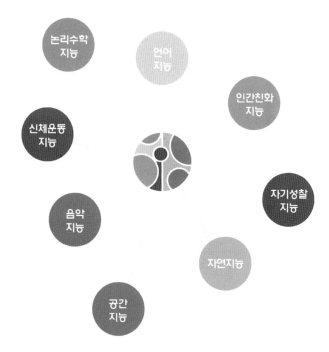

다중지능이란 인간의 지적 능력을 다양하게 바라보는 시각이다. 기존의 지능은 흔히 IQ에 의해서 측정되어 왔으나 인간의 지능을 너무 편협하게 파악하여 서열화한다는 문제점이 있다. 최근에는 감성에 대한 평가도 EI(Emotional Intelligence)에 의하여 시도되었으나 인간의 지적 능력은 단순히 IQ 및 EI에 의해서 모든 것이 측정될 수 있는 것은 아니다.

인간의 다양한 능력을 제대로 평가하고 계발시키고자 하는 노력은 1970년대 말부터 학문적으로 체계화되기 시작하여, IQ 및 EI의 개념을 아우르고 단점을 극복

하는 지능 이론이 성립되었는데 그것이 바로 다중지능이론이다.

다중지능이론은 한 사회에서 유의미하다고 여겨지는 능력 중 생리적, 심리적으로 구분되는 능력을 인간의 지적 능력으로 파악하고 있다. 가령 뛰어난 운동능력은 분명 사회에서 의미 있는 능력으로 다른 지능과는 달리 생리적, 심리적으로 구분되는 작용과 기능을 가지고 있기에 "신체운동지능"으로 구분되고, 발전적이고 건전한 인간관계를 형성하여 사회에 공헌할 수 있는 능력 또한 생리적, 심리적으로 다른 지능과 구분되기에 "인간친화지능"으로 구분되고 있다. 이러한 과정을 거쳐서 독립적인 지능으로 구분되는 것은 언어, 논리·수학, 음악, 신체운동, 공간, 인간친화, 자기성찰, 자연지능 등 8가지이다.

① 언어지능: 말을 하고, 들으며, 글을 쓰고, 해석해 내는 능력을 말한다. 언어지능이 높으면 글이나 말을 통해 자신의 생각이나 느낌을 잘 표현하고, 언어를 잘 구사하며, 탁월한 언어 기억력을 보인다. 이 능력이 발달한 사람은 시인, 소설가, 정치가, 변호사, 방송인 등이 될 소질이 있다.

② 논리수학지능: 숫자나 규칙, 명제 등을 잘 익히고 만들어 내며, 그와 같은 문제를 손쉽게 해결해 내는 능력을 말한다. 수학이나 사회 현상 등 여러 대상에 대해 관심을 가지고 탐구하면서, 논리적으로 추론하여 규칙이나 법칙을 발견하거나 체계를 마련할 수 있는 능력이다. 회계사, 통계학자, 법률가, 컴퓨터 프로그래머 등이 가지고 있는 능력이다.

③ 음악지능: 가락, 리듬, 소리에 민감하고, 그러한 상징들을 창조할 수 있는 능력을 말합니다. 노래를 부르거나 악기를 다루거나 새로운 곡을 창작하거나 감상하는 데 필요한 능력이다. 악기 연주가나 성악가, 작곡가의 기본이 되는 지능이다.

④ 신체운동지능: 춤, 운동, 연기 등을 쉽게 익히고 창조하는 능력이다. 이 지능이 발달한 사람은 신체적 활동에 쉽게 몰입하여 즐길 수 있으며, 무용이나 연극 등에서 몸으로 자기의 내면세계를 표현하는 데 뛰어난 재능을 보인다. 무용가, 기술자, 운동선수 등이 될 수 있는 소질이다.

⑤ 공간지능: 도형, 그림, 지도, 입체 설계 등에 보이는 소질과 적성이다. 물건을 보기 좋게 배치하거나 새로운 물건을 만들고, 낯선 곳에서 길을 찾는 데 필요한 능력으로 조종사, 디자이너, 건축가 등에게서 나타나는 능력이다.

⑥ 인간친화지능: 다른 사람의 기분이나 동기, 바람을 잘 이해하고 그에 적절하게 반응할 수 있는 능력, 즉 대인관계를 잘 이끌어 가는 사람들의 능력을 가리킨다. 교사, 정치가, 치료사, 사업가 등에서 흔히 발견할 수 있는 능력이다.

⑦ 자기성찰지능: 자기 자신을 느끼고, 자기감정의 범위와 종류를 구별해 내며 그런 감정에 이름을 붙이고, 자신과 관련된 문제를 잘 풀어내는 데 필요한 능력이다. 또한 자신을 이해하고 자신의 욕망, 두려움, 재능 등을 잘 다루어 효율적인 삶을 살아갈 수 있는 잠재력을 말한다. 작가, 종교인, 예술가, 심리학자들이 소유하고 있는 능력이다.

⑧ 자연지능: 가장 최근에 다중지능의 목록에 올라온 지능으로서 식물이나 동물 또는 자신이 살아가고 있는 환경에 관심을 가지고, 그 인식과 분류에 탁월한 전문 지식과 기술을 발휘하는 능력을 말한다. 식물학자, 동물학자, 과학자, 조경사 등이 갖고 있는 지능이 이에 해당한다(다중지능연구소, 2006b).

다중지능이론이 적용된 교육프로그램은 국내외에 여러 가지가 있다. 다중지능연구소에서 개발 적용된 유아용 교육프로그램을 몇 가지 소개하면 다음과 같다.

첫째, 다중지능연구소의 지능숲 교육프로그램이다(다중지능연구소, 2006a). 이 프로그램의 이름이 '지능숲'인 이유는 하워드 가드너가 유아의 머릿속에는 공식교육을 받기전에 하나의 지적인 '숲'이 생긴다는 주장에서 따온 말이다. 따라서 본 원고의 "숲속"과는 다른 상징적인 용어이다. 이 프로그램의 교육목적은 균형 있는 다중지능의 발달과 강점지능의 발견교육이었으며, 교육은 주로 판게임형 교구와 개별 특성에 맞는 강점활동 및 약점지능을 위한 보완지능 활동으로 이루어져 있다. 이 프로그램에서 언어지능을 예로 들면, 언어지능의 교육내용은 말로 표현하기 능력 향상, 읽고 말하는 능력을 향상, 셋째, 듣기능력 향상, 넷째, 글자형태의 미묘한 차이 인식의 향상, 다섯째, 글쓰기에 대한 관심 향상, 실생활에서의 정보 전달능력 향상하기였다.

둘째, 다중지능연구소의 강점강화 프로그램은, 그 교육목적이 스스로 계획을 세우고 활동을 진행시키고 결과를 완성하고 평가받는 일련의 과정을 통해 자기에게 필요한 경험을 주도하며, 풍부하고, 깊이 있게 지능계발 경험을 하는 것이었으며, 주로 '프로젝트 수업'으로 운영이 되었다(다중지능연구소, 2006c). 교육절차는 교육활동의 계획부터 마무리까지의 여러 단계에서 자신의 강점지능을 가지고 활용하도록 하기, 스스로 계획하고, 평가하고, 보완하고, 정리하는 일련의 강점지능 강화 경험을 하게 하여 성취감과 책임감을 느낄 수 있도록 하기, 최종 결과물이 발간·전시되도록 하여, 부모, 교사, 유아가 공유된 경험을 통해 유아의 성장과 그 가능성에 대해 의미 부여할 기회를 갖기가 포함되었다. 이 프로그램은 8명이 1조를 이루어 강점지능 집단을 만들어 교육활동을 하는 실험적인 교육프로그램이었다.

셋째, 다중지능연구소의 보완지능 프로그램으로(다중지능연구소, 2006d), 이 프로그램의 교육목적은 유아가 자신의 보완지능을 키우기 위한 경험, 체험, 연습, 익힐 기회를 제공하는 것이었다. 따라서 교육내용은 8지능의 보완지능 활동으로 이루어졌는데, 수업은 주로 여러 가지 지적 영역에 흥미를 가질 수 있도록 구성되었다. 따라서 다면적 탐색활동, 민감성의 확장활동, 기초지식 형성 활동, 창작활동이 포함되었다. 이 프로그램은 1집단에 6명 이내가 포함될 수 있도록 하였고, 먼저 다중지능 검사를 하고 보완지능으로 평가된 지능영역에 대한 흥미와 관심의 향상에 초점을 두도록 한 것이 특색이다. 이 프로그램은 국내의 놀이학교에서 1년 전부터 활용하고 있는 프로그램으로서 유아와 부모에게 의미 있는 교육경험으로 평가받고 있다. 이외에 다중지능창의 프로그램(다중지능연구소, 2007b) 등이 개발되어 실시되고 있다.

외국에서 개발 적용된 유아용 교육프로그램은 자료집으로 여러 가지가 나와 있다. Gardner(1991)가 유아의 다중지능을 평가하는 데 연구목적을 둔 연구프로젝트의 일환인 '프로젝트 스펙트럼' 프로그램이다. 사실 이것은 프로그램과 평가가 동시에 일어나는 교육활동 및 평가도구의 모음으로 목적이 유아의 다중지능 프로파일을 평가하는 것이었다. 우리나라에서는 한양여대 부속 유치원에서 적용과 활용에 노력하고 있다. 그 외에도 세계 곳곳에서 기존의 유아교육 프로그램, 예를 들면 주제별 접근방법에 다중지능이론을 접목하는 등의 노력을 통해 유아에게 알맞은 다중지능 프로그램을 개발하기 위해 노력하고 있다. 그 예는 암스트롱(Armstrong, 1994), 패트리샤(Patrica, 1997), 호주의 윌마 교수(Vialle, W. J. & Perry, J.) 등이 개발, 응용하고 있는 프로그램들에서 찾을 수 있다.

이 모든 프로그램들은 나름의 교육목적과 방법, 대상들을 가지고 있지만 모두 다 '다양한 지적 능력을 가진 다양한 스타일의 유아를 존중하고 그들에게 알맞은 방식으로 도움을 주고자 한다'는 철학을 공유한다. 다중지능 숲 프로그램 역시 유아의 다양한 표현방식, 느낌을 이해하고 격려한다. 그러나 이전의 프로그램들에 포함되지 않은 생명력 충만한 숲이라는 환경이 포함됨으로써 유아들이 더 풍부하고 색다른 그리고 더 실제적이고 깊이 있는 여덟 가지 지적 경험을 하게 될 것이다.

2. 다중지능 숲 프로그램

1) 교육 목적

다중지능 숲 프로그램의 교육 목적은 인간과 자연(환경)과의 조화로운 관계를 어린 시기부터 자연스럽게 알게 하며 유아의 다중지능을 성장, 발달시키는 데 있다. 자연 속에서 놀이를 중심으로 자연 체험 활동을 하면서 다중지능을 통합적으로 구성하여 다음과 같은 영역에서 성장 발달을 돕고자 한다.

첫째, 숲이라는 다소 익숙지 않으면서도 풍부한 자료와 생기를 가진 환경에서의 다중지능 활동을 통해 숲의 아름다움을 느끼고 진정한 의미의 다중지능 자극 경험을 갖는다.

숲에서 당면한 여러 가지 문제를 해결하는 능력 또는 숲 속 상황이라는 익숙하지 않지만 풍부한 자극경험을 줄 수 있는 환경 속에서의 놀이를 통해 이전과는 다른 놀이방법과 생각을 만들어 낼 수 있는 능력을 기를 수 있다.

둘째, 인공 자료가 아닌 자연물 자료와 상호작용을 경험한다. 자연 교육의 선구자인 Winklel(1994)는 유치원 연령기가 자연을 보존하고 사랑하려는 정서가 깃들기에 최적의 시기이므로 이를 위해 교사와 학부모는 노력하여야 한다고 하였다

(Nedden, 1998 재인용). 숲에서 유아들은 사계절 내내 직접 자연을 체험하며, 그로부터 많은 것을 배우게 된다. "만물은 서로 연관되어 있어 우주 속에 자기만의 자리를 차지한다. 별, 지구, 암석, 모든 생물의 형태는 서로의 밀접한 관계를 통하여 전체적인 것을 이루며, 이 관계는 예를 들어 작은 돌을 알기 위해서는 큰 태양을 알아야 할 정도로 서로 밀접하다. 우리가 만지는 모든 사물 그리고 하나의 원자나 하나의 세포라도 큰 우주에 대한 지식이 없이는 그것을 설명할 수가 없다."(Seitz, 1996).

그리고 유아들은 숲의 활동을 통하여 모든 생물은 소중하다는 것을 알게 되어, 곤충이나 동물을 괴롭히거나 막대기로 휘젓거나 때리는 행위를 하지 않게 되며, 오늘과 미래의 세대를 위하여 창조적이고 책임감 있게 현존하는 물질과 자원, 기술을 보존하고 전수하기 위한 기반을 견고히 다지게 된다. 이러한 일은 어릴 때부터 자연 생태계에 대한 깊고도 올바른 이해가 선행되어야만 성공적으로 행해질 수 있다 (이명환, 2003).

셋째, 숲의 넓은 공간에서 다양한 움직임을 통하여 더욱 다중지능에 알맞은 활동을 할 수 있다. 독일의 격언에 "아이들의 존재란 움직이는 존재라는 데 있다."라는 말은 동작 교육의 의의를 원천적으로 잘 표현하였다고 볼 수 있으며, 이 움직임을 통하여 유아는 매일 새로운 것을 발견한다(Kollner, 1998). 유아들은 숲에서 평지와는 달리 고르지 못한 길을 걷기도 하고, 경사진 언덕을 오르내리거나, 쓰러져 있는 나무 위를 걸으면서 일반 유치원에 통상 있는 평균대 위에서 균형을 잡는 연습을 하는 것과는 전혀 다른 실제적인 방법으로 동작의 평형감각과 협응을 익히게 된다 (이명환, 2003). 이처럼 다양한 움직임과 활동을 통해 여덟 가지 지능의 성장을 위한 진솔한 감각경험을 갖게 된다.

넷째, 숲에서의 활동은 자신감, 정서적 안정을 통해 지적 교육이 이루어지도록 한다.

자유스러운 하늘 아래, 신선한 공기와 날씨 속에서 행해지는 숲의 생활은 유아의 신체와 정신을 단련시켜 준다. 숲 활동은 유아의 긴장을 완화시켜 주고, 불안해하는 유아를 평온하게 하는 치료 효과가 있음이 확인되었는데, 이는 공격성을 유발하는 공간의 협소함과 제약이 숲의 자유스런 활동으로 제거되어 정서적 안정감이 생겼기 때문이다. 주입식의 다중지능교육이 아닌 다양한 지적 영역을 자극하고 즐길 수 있는 편안한 지적 교육을 가능하게 한다.

다섯째, 숲의 생태를 이해하며 숲에서 할 수 있는 놀이경험을 할 수 있다.

유아들은 어떻게 숲에서 동작을 취하는 것이 안전하고, 성공이 가능한 것인가에 대하여 매일 몸소 체험하게 되며, 무엇보다도 숲에서는 신체적인 동작을 장애를 받지 않고 마음 놓고 할 수 있기에 잉여에너지가 넘치는 남자 유아들의 움직임에 대한 충동력을 소진시킬 수 있다. 또한 숲에서의 활동을 유아들의 대근육 발달뿐 아니라, 잣나무 잎이나 새의 깃털을 들어 올리거나 하는 등의 섬세한 동작을 통해 소근용 활동도 조장하거나 발달시킬 수 있는 좋은 기회를 갖게 된다(Sandhof, 1998). 이러한 활동은 유아의 창의력 성장에 기여한다. 다중지능교육의 목적은 정확한 답이 아니라 문제를 해결하고, 자기에게 의미 있는 다양한 문제를 찾아낼 줄 아는 능력이다. 숲에서 탐색하고, 느끼고, 교류하는 활동들은 진정한 의미의 다중지능교육을 실현시킬 것이다.

여섯째, 숲을 탐색하고자 하는 마음을 기른다.

유아들은 성인들과는 다른 학습 방법으로 배운다. 우선 유아들은 그들 자신이 질문을 던지고, 어떤 사실을 받아들이기 위해서는 대상 사물을 보고, 만져 보고, 냄새 맡고, 듣고, 맛보고 그리고 직접 온몸으로 체험해 보아야 하는데, 이는 호기심, 자발적 행위, 실험에 관한 흥미가 유아의 내면세계에 자리 잡고 있기 때문이다(Spitz, 1996). 이와 같은 다양한 지적 영역의 감각활동을 통해 유아의 다중지능이 계발될 것이다.

일곱째, 숲의 느낌을 기억한다.

유아들은 자연을 직접적인 감각을 통하여 만날 수 있고 대자연과 함께 공생할 수 있는 존재이다. 유아 스스로 움직이는 동작과 생각과 행동은 사물의 감지 능력과 대단히 밀접한 관계가 있고, 취학 전 아동에게서 특히 이 현상은 민감하게 나타난다. 왜냐하면 이러한 것이 감각을 통하여 인지되어 있지 않으며 그때마다 의식적인 노력이 필요하기 때문이다.

느끼기 기억은 유아기에 하는 것이 적기인데, 유아가 호기심이 많고, 뇌는 아직 유연하고 체험을 갈구하고 있어 감각 기관을 통하여 인상을 쉽게 받아들일 수 있고, 이 인상은 포괄적인 틀로 뇌에 저장이 된다. 감각 기관의 수용 능력은 유아가 감각 능력을 요구하는 만큼 커지게 되므로 숲은 다중지능 교육을 위한 최적의 장소라 할 수 있다.

2) 교육 모형

교육 모형은 숲 느낌으로부터 숲과 교류하는 내용을 담는 것으로 아래 그림과
같이 구성하였다. 먼저 '다중지능으로 숲 느끼기'는 주로 다중지능의 여덟 감각으
로 숲의 여러 측면을 느끼는 것에 초점을 두었다. 둘째 단계는 숲과 관련하여 특
징, 모습을 다중지능 영역으로 구분하여 다양한 활동을 해 보는 데에 주안점을 두
었다. 셋째 단계는 숲의 여러 소재를 가지고 활용하고, 숲을 위해서 할 수 있는 활
동을 통해서 숲과 교감하는 데에 초점을 두었다. 그리고 교육목표와 목표, 내용을
아래와 같이 정리하였다.

이 프로그램에는 다음과 같은 다중지능 활동들이 들어가도록 노력하였다.

단계	숲 느끼기	숲과 친해지기	숲과 교류하기
언어지능	숲을 언어로 표현하기	숲의 소리 관심 가지기	숲의 소리로 말하기
논리수학지능	숲에서 탐구하기	숲 속을 실험하기	숲 속을 예측하기
신체운동지능	숲 속을 거닐기	숲 속에서 활동하기	숲 속을 표현하기
음악지능	숲 속 소리 감상하기	숲 속을 노래하기	숲 속을 연주하기
공간지능	숲 속을 그리기	숲 속을 꾸미기	숲 속을 만들기
자연지능	숲 속에서 놀이하기	숲 속에서 생활하기	숲 속을 청소하기
자기성찰지능	숲에서 아름다운 것 찾기	숲에서 휴식하기	숲에서 생활하기
인간친화지능	더불어 숲 느끼기	숲을 존중하기	숲에 관심 가지기

3) 프로그램 운영방법

이 프로그램은 다음과 같은 두 가지 원리를 포함하고 있다.

첫째, 다중지능이 숲 활동을 통해 자극받도록 한다.

유아들이 여덟 가지 다중지능 영역이 골고루 자극받을 수 있게 활동의 비율을 균형 있게 맞추고자 하였으며, 모든 활동은 숲, 숲속에서 시간을 지내고 실내외에서, 혹은 숲이 없는 경우 근처의 공원 및 유치원의 마당에서 할 수 있는 활동을 선별하였다.

둘째, 숲 느끼기 – 숲과 친해지기 – 숲과 교류하기로 활동을 구분하여 교사가 교육활동을 운영할 때 중심에 두어야 할 부분을 강조하였다.

활동들은 처음에는 숲에서의 여러 감각 자극을 유아들이 받아들이는 데에 초점을 두고자 하였다. 따라서 숲 느끼기 단계에서 교사들은 활동이 마무리가 되지 않더라도 유아들이 조금 더 다른 느낌을 가졌다고 생각할 수만 있다면 목적이 달성되었다고 볼 수 있을 것이다. 그리고 다음 단계는 숲에 익숙해지고 친해질 수 있도록 하는 활동을 포함하고자 했다. 이 단계에서 유아는 좀 더 적극적으로 숲속의 여러 재료들을 만져 보고, 때로는 그것으로 구성해 보고, 즐길 수 있는 활동을 하게 될 것이다. 마지막 단계에서는 숲의 자연환경을 전체적으로 살펴볼 수 있는 안목을 기르는 것이다. 숲이 필요로 하는 것, 숲에 위해가 되는 것, 숲에 좋은 것 등을 생각해 보면서 유아는 숲을 사랑하는 마음을 키우며, 유아의 다중지능 감각 및 문제해결력은 훨씬 성장하게 될 것이다.

4) 프로그램 운영효과

이 프로그램을 각 유치원에서 진행해 본 결과, 이 프로그램을 더 효율적으로 운영할 수 있는 방법 및 효과를 간단히 기술하면 아래와 같다.

첫째, 호기심은 처음에는 단순한 주변 환경의 변화로 인한 질문이나 무관심한 태도들이 활동이 거듭해 갈수록 문제 상황과 부딪치며 점차 심도 깊은 호기심으로 발전한다. 문제를 해결하기 위한 호기심은 연관된 다른 개념을 도출해 내어 학생들이 문제의 방향을 스스로 찾아내는 데 도움이 되는 요소이다. 이러한 호기심은 행동이 적극적으로 발전하여 그 호기심을 해결하기 위한 문제 해결 행동으로 이어져 자료를 찾아오거나 선생님이나 어른들과 함께 참고 서적을 찾아 문제를 해결하는 단계에까지 이르게 한다면, 이 프로그램은 더욱 큰 교육효과를 가져올 것이다.

둘째, 자신감에 있어서 유아들에게 많은 발전적인 변화가 있었다. 학습 초기에 소극적인 수업 태도를 보인 어린이들이 숲 활동을 통하여 자신을 얻고, 이 자신감이 학교 수업 방향을 미쳐 발표나 글쓰기 등의 자기 표현 활동에 많은 영향을 미쳐야 함을 알 수 있다. 숲에서의 체험 활동이 놀이와 학습 의욕을 충족시켜 다른 학습에도 긍정적인 영향을 끼친다는 것을 확인할 수 있었다.

셋째, 숲 활동을 적용하기 전에는 관찰이라는 개념이 형성되지 않아 지도에 어려움이 많았지만 활동 중 관찰에 대한 이해와 호기심의 증대로 관찰 능력이 현저하게 증가되었음을 학습 자료를 통해 확인할 수 있다. 관찰함에 있어 상상의 내용 등의 관찰이 아닌 내용을 많이 포함시킨다. 관찰하는 활동이 증가함에 따라 관찰에 빗대어 표현하며, 다른 사물의 크기나 자신의 방법의 습득으로 인하여 관찰하여 적은 내용과 상상한 내용을 구분할 수 있게 되었으며 다른 사물의 크기나 자신의 경험에 빗대어 표현하는 방법을 사용하기도 하였다. 활동 후기에 들어서는 자신의 감각 기관 중 시각뿐 아니라 청각, 후각, 촉각 등의 다른 감각 기관을 이용하여 사물을 파악하는 데 노력을 기하는 모습을 보여 주었으며, 사물을 관찰하는 태도에 자신감을 표현하게 되었다.

넷째, 숲 활동의 적용을 통하여 분류능력에 있어서의 변화를 알 수 있었다. 초기의 분류 기준의 모호함에 의해 사물을 명확히 구분하지 못하던 어린이들의 활동이 거듭되면서 분류 기준을 세우는 방법을 익힘으로써 사물을 자신이 세운 기준에 의해 나누어 놓을 수 있게 되었다. 하지만 이 과정에서 자신이 세운 기준에 맞는 여러 가지 사물을 모으는 방법으로 변환하며, 자신이 세운 기준에 적합하지 않은 사물에 대해서는 아직 모호함을 보이는 경우도 있었다. 처음 숲 활동을 적용하기 전 불명확한 기준으로 사물을 숲 활동을 함께해 나가면서 나름대로의 기준을 세워 구분을 하는 분류 능력 변화를 관찰하는 데 있어 효과적이었다.

다섯째, 어린이들의 자연에 대한 관심이 높아졌다. 숲 활동을 투입하기 위하여 근처 숲에 처음 올라갔을 때, 어린이들은 주변의 학습 환경이 많이 달라져서인지 매우 들떠 있었다. 학교 수업에서 지루해하고 힘들어 하는 모습과는 달리 자신감에 차 있었다. 어린이들이 숲 활동을 하면서 자기 나무를 정하여 보살펴 주고, 곤충을 직접 만져 보고 놓아주는 여러 가지 활동에서 예전에 볼 수 없었던 자연 사랑의 마음이 생겼음을 확인할 수 있었다. 또한 숲이나 자연의 변화에 대하여 수시로 질문하는 모습이나 자신이 활동했던 숲의 변화에 대한 많은 관심이 증대되었다.

여섯째, 일반적인 숲 프로그램과 달리 다중지능 숲 프로그램을 통해 유아들은 숲을 더 의미 있고, 다양하게 경험할 수 있었으며, 이는 다시 유아의 지적 폭과 깊이를 더하는 데에도 기여할 것이다.

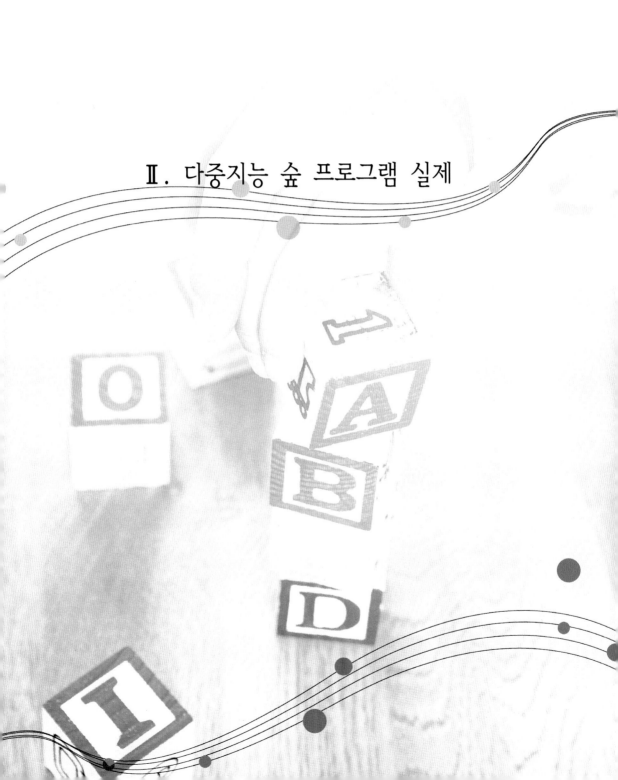

Ⅱ. 다중지능 숲 프로그램 실제

1. 프로그램 요약

1) 숲 느끼기

마음을 열고 숲을 느끼자

　감각 자극을 충분히 받은 유아들은 정상적인 발달을 하는 데 어려움이 없다. 최근의 뇌신경학자나 뇌 생리학자들도 감각을 총괄적으로 사용하여야만 뇌가 정상적으로 발달할 수 있다는 견해를 발표했다(Freud, 1998). 감각의 훈련은 유아기에 하는 것이 적기이며 유아가 호기심이 많고, 뇌는 아직 유연하고 체험을 갈구하고 있어 감각 관의 느낌을 통하여 인상을 쉽게 받아들일 수 있고 이 인상은 포괄적인 틀로 뇌에 저장이 된다고 한다. 여기서는 다양한 감각을 통해 숲을 느끼는 데 초점을 두었다.

언어지능	숲에게 하고 싶은 말을 적어요 – 행복한유치원 개미집 찾기 – 무지개유치원 자연물을 이용한 글자 만들기 – 자연유치원, 노벨유치원 숲 속 소리 내어 보기 – 자연유치원
논리수학지능	바구니에 열매를 담아요 – 보광어린이집, 다중지능연구소 바구니에 밤을 담아요 – 자연유치원 가을 낙엽 줍기 – 노벨 유치원, 자연유치원
신체운동지능	나뭇잎 하나 – 자연유치원 나무껍질을 느껴요 – 열린유치원 낙엽 되어 보기 – 노벨유치원, 자연유치원 줄을 이용한 다양한 놀이 – 보광어린이집
음악지능	주변의 숲 속 소리 듣기 – 다중지능연구소 숲에서 들려요 – 행복한유치원
공간지능	나뭇잎 스크래치 – 행복한유치원 나뭇잎 액자를 만들어요 – 행복한유치원 눈 가리고 멈춰 놀이 – 자연유치원
자연지능	풀꽃 반지 만들기, 왕관 만들기 – 연구소, 보광어린이집 솔방울 던지기 – 자연유치원 가을 숲 관찰하기 – 자연유치원, 노벨유치원 촉감으로 자연을 알아봐요 – 자연유치원 돌멩이 관찰하기 – 교하슬기유치원
자기성찰지능	숲의 고마움을 기억해요 – 행복한유치원 여름나무 관찰하기 – 교하슬기유치원
인간친화지능	친구들과 함께 게임을 해요 – 행복한유치원

2) 숲과 친해지기

숲과 친해지자

　숲에서의 활동을 통하여 모든 생물은 소중하다는 것을 알게 되어 연약한 곤충이나 동물을 괴롭히거나 막대기로 휘젓거나 물건을 치는 행위를 안 하게 된다. 숲과 친해지면 자연에 대한 바람직한 의식이 어릴 적부터 확고히 정립하게 된다. 숲에서의 빈번한 대화와 질문 그리고 교사가 지참한 식물, 동물도감을 통하여 유아들은 식물과 동물의 명칭을 정확히 명명할 수 있는 능력을 지니고, 이런 과정을 통해 사물의 연계성과 통일성의 원칙과 기본적인 자연 법칙을 터득하게 된다(Sandhof, 1998)고 한다.
　자연 체험 활동과 놀이를 하면서 자연 환경 속에서 유아가 활동하기에 자연스럽게 숲과 돈독한 마음을 가질 수 있게 되는 데에 초점을 두었다.

▌ 숲과 친해지기 활동목록

언어지능	나뭇잎 이름 짓기 – 색동 유치원, 노벨유치원 우리 반 나무 편지 쓰기 – 자연유치원
논리수학지능	나뭇잎 크기를 비교해요 – 행복한유치원 나무 둘레 재어 보기 – 색동 유치원, 교하슬기유치원 나뭇잎 재기 – 계명유치원 나무 키 재기 – 자연유치원
신체운동지능	숲 산책하기 – 계명유치원 보물찾기 – 교하슬기유치원
음악지능	'숲속을 걸어요' 노래를 불러요 – 행복한유치원, 노벨유치원 악기 만들기 – 자연 유치원 전래 동요 부르기 – 보광어린이집
공간지능	솔방울 던져 놓기 – 자연유치원
자연지능	나무 알고 친해지기 – 교하슬기유치원 나무 소리 듣기 – 색동유치원 자연의 색 찾기 – 열린유치원
자기성찰지능	숲 속 거닐기 – 다중지능연구소
인간친화지능	발바닥 공원을 청소해요 – 행복한유치원

3) 숲과 교류하기

숲은 속성상 그 자체가 아주 강하게 사람으로 하여금 어떤 일을 하도록 이끌고, 요구하는 특성을 지니고 있다. 유아들이 처음으로 숲에 왔을 때, 곧 놀이에 심취하게 되는데 자연 소재가 곳곳에 널려 있어 유아의 놀이를 자극시키고 상상력의 날개를 달아 주기 때문이다. 이러한 교류가 유아들로 하여금 매일의 생활을 새롭게 하고, 유아들은 숲에서 자신의 또 다른 가능성을 매일 발견하고 개성을 마음껏 펼쳐 나가게 된다. 숲과 서로 의사소통하는 방법을 익히고, 그것이 유아의 인성 및 잠재력을 마음껏 키우는 자양분이 되었으면 하는 마음으로 활동을 구성하였다.

언어지능	'나무가 좋아' 동시 짓기 – 행복한유치원 야생화 책 만들기 – 계명유치원 나뭇잎 이용하여 글쓰기 – 보광어린이집, 노벨유치원
논리수학지능	오목 두기 – 보광어린이집 나무와 나무 사이는 몇 걸음일까요? – 행복한 유치원, 보광어린이집 숲에서 거리를 측정해요 – 행복한유치원
신체운동지능	나는 숲 속이예요 – 색동유치원
음악지능	나비의 날개 – 교하슬기유치원 풀피리 불기 – 색동유치원 효과음 만들기 – 자연유치원 나무가 되어 보자 – 자연유치원, 노벨유치원
공간지능	내 오두막 만들기 – 다중지능연구소 코스모스 변화 만들기 – 색동유치원 내 거미집(그물) 만들기 – 자연유치원
자연지능	내 몸으로 재어 보는 나무 둘레 – 행복한유치원 낙엽 눈 만들기 – 보광어린이집 클로버 잎을 찾아서 – 열린 유치원
자기성찰지능	숲에서 우리가 해 줄 수 있는 일을 기록해 보아요 – 행복한유치원 나는 누구일까요? – 보광어린이집
인간친화지능	나뭇잎 놀이 – 무지개 유치원 아빠와 추억 만들기: 기차여행 – 색동유치원 적어지는 나뭇잎 – 열린유치원

2. 프로그램 내용

목표	숲 느끼기	숲과 친해지기	숲과 교류하기
목적	여덟 가지 방식으로 느끼기	여덟 가지 방식으로 발견하기	여덟 가지 방식으로 교류하기
언어지능	숲을 언어로 표현하기	숲의 소리로 말하기	숲의 소리 관심 가지기
논리수학지능	숲에서 탐구하기	숲 속을 실험하기	숲 속을 예측하기
신체운동지능	숲 속을 거닐기	숲 속에서	숲 속을 표현하기
음악지능	숲 속 소리 감상하기	숲 속을 노래하기	숲 속을 연주하기
공간지능	숲 속을 그리기	숲 속을 꾸미기	숲 속을 만들기
자연지능	숲 속에서 놀이하기	숲 속에서 생활하기	숲 속을 청소하기
자기성찰지능	숲에서 아름다운 것 찾기	숲에서 휴식하기	숲에서 생활하기
인간친화지능	더불어 숲 느끼기	숲을 존중하기	숲에 관심 가지기

1) 숲 느끼기

유아들은 아무것도 그려지지 않았거나 밑그림만 그려진 도화지와 같다. 이러한 도화지에 그림을 그리거나 긁적이기 시작할 시기에 느끼기 교육은 중요한 교수법이다.

느끼기 교육은 어려운 것은 아니다. 하지만 오염된 환경에서 느끼기 교육을 위해서라면 많은 관심을 기울일 필요가 있다. 면역 체계가 미성숙하기 때문에 보호를 받아야 할 발육 상태이기 때문이다. 관심을 기울여 주어야 할 사람은 가장 가까운 부모일 것이다. 부모와 함께하는 느끼기 활동은 태내에서 느꼈을 부모의 호흡과 음성으로 인하여 어린이들이 가장 편안하게 느끼는 1차적인 환경일 것이다. 부모님이 아이들과 함께하는 것이 느끼기 교육의 시작이다. 보고 듣고 만지고 느끼는 가운데 모방이 일어나고, 본인의 생각으로 표현하는 창조가 일어나게 된다. 새로운 것이 만들어지는 것이다. 따라서 오감을 이용한 교육은 직접 자연을 느끼고 그 안에서 새로운 세상을 배우도록 이끌어 주는 환경 체험 교육이야말로 모든 어린이들에게 꼭 필요한 것이다.

현실적으로 우리의 교육 환경을 돌아볼 때 느끼기 교육은 어려운 벽에 부딪히고 만다. 아이들뿐만 아니라 도시에서 살아가는 사람들이 야외에서 보내는 시간은 하루에 세 시간도 안 된다고 한다.

어린이들과 함께 숲으로 가 보자. 그들은 많은 것을 요구하지 않는다. 숲에 누워 숲을 느끼고 오면 그것으로 충분하다. 그 시작은 숲과 친해지는 것이지만 아이들은 우리 눈에 보이는 것보다 나은 것을 얻고 많은 것을 내놓는다. 조금씩 천천히 알아 가면 된다. 열 번 듣는 시간보다는 한 번 보는 시간이 짧지 않을까? 세상에 이보다 효과적인 놀이터가 있을까?

우리 인공적인 놀이터보다는 다중지능에 근거한 놀이로 함께 숲을 느끼자.

언어지능 활동. 숲에게 하고 싶은 말을 적어요

♠ **언어지능 활동 목표:**

○ 자신의 생각을 글로 표현할 수 있다.

○ 이야기하기에 관심을 갖게 할 수 있다.

♠ **6차 유치원 교육 과정에서의 관련 요소**

언어생활	듣기	바른 태도로 듣기	말하는 사람의 이야기를 끝까지 듣는다.
	읽기, 쓰기에 관심 가지기	쓰기에 관심 가지기	자신의 생각, 느낌을 글로 표현한다.

♠ **7차 유치원 교육 과정에서의 관련 요소**

언어생활	듣기	바른 태도로 듣기	말하는 사람의 이야기를 끝까지 듣는다.
	쓰기	쓰기에 관심 가지기	자신의 생각과 느낌을 그림으로 나타내거나 끄적거리기를 즐긴다.

♠ **숲 속 장소(지명): 세심천 공원(도봉구)**

♠ **활동 자료**

유치원에서 가져가야 할 것: 유아들이 숲 속의 사진을 보며 글을 쓸 수 있는 종이.

♠ **활동 시간: 30분.**

♠ **활동 방법**

○ 숲 속에 다녀와서 나의 느낌을 이야기한다.

○ 숲에게 하고 싶은 이야기를 글로 적어 본다.

○ 자신의 이야기를 소개하며 친구들의 이야기도 들어 본다.

교사: 세심천을 산책하며 내가 느꼈던 느낌은 어땠는지 이야기해 볼까?

유아: 나무 냄새가 났어요. / 흙바닥이 푹신했어요. / 귀여운 다람쥐를 봐서 기분이 좋았어요.

교사: 이런 여러 느낌을 느끼게 해 준 숲에게 우리가 편지를 써 볼까?

우리가 다녀온 숲에게 어떤 이야기를 해 주고 싶니?

유아: 앞으로 많이많이 온다고 쓸래요. / 다람쥐를 많이 만나게 해 달라고 할래요.

교사: 너희들이 숲에게 하고 싶은 말을 편지에 적어 보자.

교사: 너희들이 숲에게 쓴 편지를 앞의 친구에게도 들려줄까? 듣는 친구는 내가 / 숲에게 하고 싶은 말이 같은지 잘 들어 보자.

♠ 유의점:

○ 글쓰기에 어려워하는 유아들은 간단하게 자신의 생각을 표현하도록 격려한다.

♠ 사후 활동

○ 유치원에 채집한 나뭇잎을 코팅하여 하고 싶은 이야기를 글로 적는다.

○ 이야기를 적은 나뭇잎을 교실에 전시한다.

♠ 소감

○ 교사: 숲이라기보다는 나무에게 하고 싶은 말이 좀 더 친근하게 다가왔던 것 같다.

언어지능 활동. 개미집 찾기

♠ **언어지능 활동 목표:**

○ 자신의 생각을 말로 표현한다.

○ 자유롭게 생각을 이야기할 수 있는 능력을 기른다.

○ 말한 내용을 글로 옮겨 다시 들어 본다.

♠ **6차 유치원 교육 과정에서의 관련 요소**

언어생활	말하기	경험, 생각 느낌 말하기	말하는 사람의 이야기를 끝까지 듣는다.
탐구 생활	과학적 탐구	생물에 대하여 관심 가지기	주변의 동물과 식물을 관찰해 본다.

♠ **7차 유치원 교육 과정에서의 관련 요소**

언어생활	말하기	생각과 느낌 말하기	자신의 느낌을 말한다.
탐구 생활	과학적 기초 능력 기르기	생명체와 자연 환경 소중하게 여기기	주변의 모든 생명체를 존중하고 돌보는 마음을 가진다.

♠ **숲 속 장소(지명):** 청소년수련관 산책로 숲(의정부)

♠ **대상 연령:** 만 3세

♠ **활동 자료**

○ 유치원에서 가져가야 할 것: 채집통, 개미에게 줄 먹이

○ 숲에서 구해야 할 것: 개미, 나뭇잎

♠ 활동 시간: 2시간

♠ 활동 방법:
○ 진행 중인 과학 활동과 연계하여 숲에 가서 찾아볼 개미와 개미집에 대해 이야기 나눈다.

┃〈사진 1〉

○ 개미채집·개미집 찾기

┃〈사진 2〉

○ 숲에서 만난 개미에 대하여 회상활동하며 유아들이 이야기한 것을 종이에 옮겨 주고 그림을 그려 벽에 게시하고, 교사가 읽어 준다.

○ 채집한 개미들을 보며 활동을 회상하고 이야기 나눈다.

교사: 개미는 어디에서 살까요?

유아: 땅속! 흙! 놀이터에서 봤어요!

교사: 개미집은 어떻게 생겼을까요?

유아: 울퉁불퉁 할 것 같아요! 꼬불꼬불 해요~!

교사: 개미를 채집하려면 어떻게 해야 할까요?

유아: 손으로 잡아요! 밟으면 안 돼요~!

교사: 개미를 잡으면 어디에 둘까요?

유아: 상자~! 모래~! 통에 넣어요!

교사: (막힌 종이상자, 투명병, 주머니를 보여 준다) 오늘 산책을 나가서 개미를 채집해서 유치원에 가지고 오기로 해요.

교사: 여기에 개미가 있나요?

유아: 여기 많아요!! 여기도 있어요!

교사: 이 채집통에 개미들이 다치지 않게 조심히 넣어 보세요.

유아: 잡았어요! 나도 잡았어! 여기~! 여기~!

교사: 여기 개미구멍이 있어요. 또 다른 개미구멍을 보았나요?
　　　개미구멍에 있는 개미들을 나오게 하려면 어떻게 해야 할까요?

유아: 과자를 줘요! 사탕도 줘요!

교사: 채집한 개미를 통에 넣고 뚜껑을 닫으면 개미가 어떻게 될까요?

유아: 죽어요~! 숨 못 쉬어요~!

교사: 그럼 어떻게 해 주어야 할까요?

유아: 뚜껑 안 닫아요~! 조금만 열어요~!

교사: 그럼 개미가 도망 못 가고 숨을 쉴 수 있도록 구멍을 뚫어 주기로 해요.

교사: 산에 가서 개미와 개미구멍을 찾아보았나요? 어떻게 채집할 수 있었지요?

유아: 손으로 잡았어요~! 잡아서 통에 넣었어요! 나는 방울토마토도 넣어 줬는데~!

교사: 이 개미를 어떻게 하면 좋을까요?

유아: 놀이터에 둬요~! 교실에 놓고 맨날 맨날 봐요~! 집도 만들어요!

교사: 집을 어떻게 만들 수 있을까요?

유아: 모래랑 흙이랑 넣어요~!

교사: 개미가 집을 만들고 우리도 개미가 집을 만드는 모습을 볼 수 있도록 집 틀을 만들어보기로 하자.

유아: 네~

♠ 유의점

○ 유아들과 함께 개미의 특성에 대해 함께 알아보고 충분히 정보를 공유하여 개미가 스트레스를 받지 않고 잘 지낼 수 있는 환경을 제공해 준다.

♠ 확장 활동

○ 개미는 땅이 있는 곳에는 어디든 있으므로 관찰·채집이 가능하다.

○ 상품화된 개미집이 없는 경우에는 투명한 통에 흙을 넣고 검정 천을 씌워 개미집으로 활용할 수 있다.

♠ 사후 활동

○ 채집한 개미를 투명한 통에 넣는다.

▌〈사진 4〉

교사: 개미가 집을 지으려면 무엇이 필요할까요?

유아: 흙~

교사: 우리가 잘 볼 수 있도록 이 가루(흰색)를 넣어 보기로 해요.
　　　 개미는 흙만 있으면 될까요?

유아: 과자도 있어야 돼요! 물을 넣어 줘요~

교사: 그래요! 물도 스포이트로 넣어 줄게요.

유아: 이제 우리가 채집한 개미를 넣어 보자.

교사: 이제 개미가 집을 지을 텐데 우리가 어떻게 도와줄 수 있을까요?

유아: 인사해요~! 사랑한다고 해요~! 밥도 줘요~! 만지면 안 돼요~!

교사: 그래요, 매일 인사도 하고 사랑도 주고 집이 망가지지 않도록 보기만 하기로
　　　 해요.

♠ 소감

○ 교사: 유아들과 함께 손으로 개미를 잡기가 어려워 구멍을 찾아 구멍 입구에
　　　　 과자 부스러기를 넣은 병을 놓았으나 예상 외로 들어가지 않아 애를 먹
　　　　 었다.

언어지능 활동. 자연물을 이용한 글자 만들기

자연 유치원, 노벨 유치원

♠ 언어지능 활동 목표:
○ 자연물을 이용하여 글자를 만들어 본다.
○ 숲 놀이를 통해 글자를 쉽고 재미있게 인지할 수 있게 한다.

♠ 6차 유치원 교육 과정에서의 관련 요소

언어생활	읽기·쓰기에 관심 가지기	글자에 관심 가지기	주변의 글자에 관심을 가진다.
탐구 생활	과학적 탐구	생물에 대하여 관심 가지기	주변의 동물과 식물을 관찰해 본다.

♠ 7차 유치원 교육 과정에서의 관련 요소

언어생활	쓰기	쓰기에 관심 가지기	말이나 생각을 글로 옮길 수 있음을 안다.
탐구 생활	과학적 기초 능력 기르기	생명체와 자연 환경을 소중하게 여기기	주변의 동식물에 관심을 가진다.

♠ 숲 속 장소(지명): 수락산 등산로

♠ 활동 자료
○ 유치원에서 가져가야 할 것: 흰 종이, 숲 속 나들이 가방
○ 숲에서 구해야 할 것: 땅에 떨어진 자연물(나뭇가지, 나뭇잎, 돌, 꽃잎 등등)

♠ 활동 시간: 30분

♠ 활동 방법
○ 숲에 오르기 전에 개인 숲 속 나들이 가방을 메고 숲으로 이동한다.
○ 유아들이 쉽게 자연물을 수집할 수 있는 공간에서 활동을 한다.
○ 숲 속에서 볼 수 있는 여러 가지 자연물을 탐색하며 자연물을 숲 속 나들이 가방에 넣는다.

교사: 어떤 자연물을 수집하였니?
교사: 수집한 자연물을 가지고 종이 위에 글자를 만들어 보자.
교사: 어떤 글자들이 완성되었는지 우리 다 함께 읽어 보자.
교사: 어떤 글자를 만들고 싶니?
아동: 자연 유치원이요.

♠ 유의점
○ 일부러 자연물을 훼손하여 수집하지 않고 땅에 떨어진 위험한 물건은 손으로 만지지 않도록 유아들과 이야기 나눈다.
○ 글자를 만들 때는 유아가 스스로 글자를 구성할 수 있도록 한다.

♠ 활동 장면

♠ 소감

○ 교사: 아이들이 재미와 흥미를 갖고 글자에 관심을 보였으며 활동에 대한 참
여도가 높아서 좋았다.

○ 아동: 나무나 돌로 글자를 만드니까 재미있고 더 많은 글자를 만들어 보고 싶다.

언어지능 활동. 숲 속 소리 내어 보기

♠ **언어지능 활동 목표:**

○ 숲 속의 소리를 듣고 입으로 소리를 따라 내어 본다.

○ 자신의 독창적인 생각을 언어로 표현한다.

♠ **6차 유치원 교육 과정에서의 관련 요소**

표현 생활	예술적 표현 즐기기	음악으로 표현하기	단순한 즉흥 연주를 해 본다.
언어생활	듣기	바른 태도로 듣기	반응을 보이며 주의 깊게 듣는다.

♠ **7차 유치원 교육 과정에서의 관련 요소**

표현 생활	표현	여러 가지 소리 만들기	목소리나 신체를 이용하여 다양한 소리를 내어 본다.
언어생활	듣기	바른 태도로 듣기	반응을 보이며 주의 깊게 듣는다.

♠ **숲 속 장소(지명):** 수락산 등산로

♠ **활동 자료**

유치원에서 가져가야 할 것: 청진기

♠ **활동 시간:** 25분

♠ **활동 방법:**

○ 숲 속에서 어떤 소리들을 들을 수 있는지 상상하여 본다.

○ 직접 숲 속에 가서 소리를 들어 본다(바람, 새소리, 나뭇잎, 나무, 물소리 등).

○ 들리는 소리를 입으로 내어 본다.

○ 숲 속에서 들리지는 않는 소리 외에 독창적인 소리를 만들어 입으로 표현해 본다.

교사: 어떤 소리가 들리니?

아동: 새소리요. 나뭇잎 흔들리는 소리요.

♠ 유의점:

소리를 잘 들을 수 있게 유아들이 큰 소리로 이야기하지 않도록 이야기 나눈다.

♠ 확장 활동

유치원 주변에서 들을 수 있는 소리를 내어 본다.

♠ 사후 활동

숲에서 들었던 소리나 느낌을 여러 가지 악기로 표현한다.

♠ 활동 장면

♠ 소감

○ 교사: 그동안 소리를 내어 보는 것에 대해 한정되어 있었는데 다양한 소리를 듣고 내어 보는 경험이 유아들에겐 새롭고 흥미로운 활동이 될 수 있었다.

○ 유아: 숲 속이 조용하니까 새소리가 더 크게 들렸어요. 소리를 흉내 내니까 재미있어요.

논리수학지능 활동. 바구니에 열매를 담아요

보광 어린이집. 다중지능연구소

♠ 논리수학지능 활동:

○ 물건을 나르는 방법을 이해한다.

○ 자연물의 부피를 알 수가 있다.

♠ 6차 유치원 교육 과정에서의 관련 요소

표현 생활	탐색	형태 탐색하기	자연과 주위 환경에 있는 조형적 형태에 관심을 가지고 접해 본다.
탐구 생활	수학적 탐구	분류하기와 순서 짓기	한 가지 준거로 사물을 모아 본다.

♠ 7차 유치원 교육 과정에서의 관련 요소

표현 생활	아름다움 느끼기	소리, 움직임, 조형물에 관심 가지기	소리, 음악, 움직임, 조형물에 관심을 가진다.
탐구 생활	기초 능력 기르기	자료, 정리 및 결과 나타내기	한 가지 기준에 따라 자료를 분류하고 설명한다.

♠ 활동 자료: 자연물(돌멩이, 나뭇잎, 물, 솔방울, 잠자리, 풀피리 등등), 바구니.

♠ 활동 방법:

○ 유아들에게 오늘 간식으로 먹었던 과일이 무엇인지 물어본다.

○ 과일은 어디에서 왔을지 생각한다. 사진을 보여 주어도 좋다.

○ 과일을 집에 가져오려면 어떤 방법이 있는지 이야기한다.

○ 과일을 담을 수 있는 것은 무엇이 있는지 알아본다.

교사: 우리 친구들은 어떤 음식을 제일 좋아하니?
교사: 숲에서 얻을 수 있었던 음식은 무엇일까?
교사: 우리 숲 속엔 먹을 수 있는 음식은 없지만, 우리가 이 바구니에 담을 수 있는
　　　열매들을 모아 보자.

♠ 유의점:
○ 바구니에 담을 수 있는 것을 경쟁 위주로 채우기보다는 하나하나 탐색하며 담
을 수 있도록 한다.
○ 유아들의 어깨에 둘러멜 수 있는 바구니나 왕골 가방, 아니면 일반적 바구니
를 개인별로 나누어 주어도 좋다.
○ 숲 속의 동물이나 여러 위험 요소를 사전에 미리 점검하고 유아들과 활동 계
획을 세운다.

논리수학지능 활동. 바구니에 밤을 담아요

자연 유치원

♠ 논리수학지능 활동 목표

○ 바구니에 정해진 양의 밤을 담을 수 있다.

○ 자연물의 무게와 부피를 알 수 있다.

♠ 6차 유치원 교육 과정에서의 관련 요소

표현 생활	탐색	형태 탐색하기	자연과 주위 환경에 있는 조형적 형태에 관심을 가지고 접해 본다.
탐구 생활	수학적 탐구	분류하기와 순서 짓기	한 가지 준거로 사물을 모아 본다.

♠ 7차 유치원 교육 과정에서의 관련 요소

표현 생활	자연과 생활에서 아름다움 찾아보기	예술적 요소 찾아보기	자연과 주변 환경에서 색, 형태, 질감 등을 찾아본다.
탐구 생활	기초 능력 기르기	자료 정리 및 결과 나타내기	한 가지 기준에 따라 자료를 분류하고 설명한다.

♠ 숲 속 장소(지명): 수락산

♠ 활동 자료

○ 유치원에서 가져가야 할 것: 바구니

○ 숲에서 구해야 할 것: 밤

♠ 활동 시간: 약 20~30분 소요

♠ 활동 방법: 10분~30분
○ 밤 열매에 대해 이야기 나눈다.
○ 숲 속에서 밤 줍기 할 때 지켜야 할 약속에 대해 이야기 나눈다.

교사: 우리 친구들은 어떤 나무의 열매를 가장 좋아하니?
유아: 과일이요. 밤이요. 대추요.
교사: 그래. 오늘은 지난번에 우리가 만든 바구니에 밤을 주워 보자.
교사: 숲에서 밤을 주울 때 어떤 것들을 지켜야 할까?
유아: 숲에 있는 나무와 꽃을 꺾으면 안 돼요. 밤을 너무 많이 주우면 안 돼요.
　　　숲 속 동물들이 먹을 것을 남겨 두어야 하니까요.
교사: 그럼, 우리가 만든 바구니 안에 들어갈 만큼만 밤을 줍기로 약속하자.

○ 숲 속에서 밤 줍기를 할 장소를 탐색한다.
○ 밤 줍기를 끝내고 밤을 주워 본 소감에 대해 이야기 나눈다.
○ 내가 주워 온 밤알 세 보고, 밤의 크기 비교하기

♠ 유의점:
바구니에 밤을 담을 때 경쟁 위주로 채우기보다는 하나하나 탐색하여 담을 수 있도록 지도한다.

♠ 확장 활동
바구니에 담아 온 밤을 이용하여 수 활동을 한다. - 서열화, 수의 양 비교.

♠ 활동 장면, 결과물(유아들 결과물, 활동 장면 사진)

① 활동하는 장면(활동 관련 사진)

♠ 소감

○ 교사: 산책을 하며 주운 밤을 이용하여 수 활동으로 연계할 수 있어서 좋았다.
자연물을 이용한 서열화, 수의 양 비교, 모양 만들기 등의 활동에 유아
들이 흥미를 가지고 적극 참여하여 좋았다.

○ 아동: 자신이 직접 주운 자연물을 교구로 사용하여 좋아하였다.

논리수학지능 활동. 가을 낙엽 줍기

노벨 유치원, 자연 유치원

♠ 논리수학지능 목표:

○ 가을이 되어 변한 나뭇잎의 색깔 변화를 알 수 있다.

○ 1～20까지의 숫자를 셀 수 있다.

○ 자연물을 이용하여 수 세기를 할 수 있다.

♠ 6차 유치원 교육 과정에서의 관련 요소

표현 생활	탐색	형태 탐색하기	자연과 주위 환경에 있는 조형적 형태에 관심을 가지고 접해 본다.
탐구 생활	수학적 탐구	수의 기초 개념 이해하기	물체를 나누어 보고, 부분과 전체를 구별한다.
탐구 생활	과학적 탐구	물체와 물질 탐색하기	물질의 변화에 호기심을 가진다.

♠ 7차 유치원 교육 과정에서의 관련 요소

표현 생활	자연과 생활에서 아름다움 찾아보기	예술적 요소 찾아보기	자연과 주변 환경에서 색, 형태, 질감 등을 찾아본다.
탐구 생활	수학적 기초 능력 기르기	수 감각 기르기	구체물을 가지고 더하고 빼는 경험을 해 본다.
탐구 생활	수학적 기초 능력 기르기	자료 정리 및 결과 나타내기	한 가지 기준에 따라 자료를 분류하고 설명한다.

♠ 숲 속 장소(지명): 수락산

♠ 활동 자료
유치원에서 가져가야 할 것: 낙엽을 담을 수 있는 주머니

♠ 활동 시간: 약 20분 소요

♠ 활동 방법:
○ 나뭇잎의 색깔 변화에 대해 이야기 나눈다.

교사: 나무의 나뭇잎은 어떤 색인가요?
유아: 초록색이요. 연두색이요.
교사: 그렇지요. 그런데 가을이 되어 나뭇잎의 색깔이 어떻게 변화되었나요?
유아: 노란색이 되었어요. 빨간색이랑 주황색으로 변했어요.
교사: 우리 친구들은 가을이 되어 변화된 나뭇잎을 자세하게 관찰해 본 경험이 있나요?
유아: 아니요.
교사: 그럼, 지금 숲으로 가서 우리 친구들이 나뭇잎을 자세히 관찰해 보고 가을이 되어 변한 나뭇잎의 색깔 변화에 대해 이야기 나누어 보고 나뭇잎을 이용한 활동을 해 보도록 해요.

○ 숲에 떨어진 나뭇잎 중에 색깔이 변화된 것과 그렇지 않은 것을 찾아 관찰한다.
○ 낙엽을 관찰한 내용과 느낌에 대해 이야기 나눈다.
○ 낙엽을 이용한 활동을 한다.
○ 가을 낙엽을 줍는 활동을 한다.

교사: 선생님이 부르는 숫자만큼 낙엽을 주워 오세요! 초록색 나뭇잎을 주우면 안되고 색깔이 변한 낙엽만 숫자만큼 주워 오는 거예요.

○ 낙엽 줍기 활동을 해 본 느낌에 대해 서로 이야기 나눈다.

○ 낙엽을 이용해서 할 수 있는 다른 활동에 대해서도 생각해 보고, 아이들과 함께 해 본다.

♠ 유의점

가을이 되어 변한 나뭇잎의 변화를 깨닫고, 가을 낙엽을 구별하여 숫자만큼 주울 수 있도록 한다.

♠ 확장 활동

가을이 되어 나뭇잎의 색이 변하는 이유 알아보기

♠ 사후 활동

유아들과 숲에서 주워 온 나뭇잎을 라이트테이블 위에 올려놓고 관찰한다(초록색 나뭇잎 → 색이 변한 나뭇잎).

♠ 활동 장면

♠ 소감

○ 교사: 본 활동을 통해 가을이 되어 나뭇잎이 변하는 이유에 대해 유아들이 의
　　　문을 갖게 되어 확장 활동까지 이루어졌다. 유아들의 흥미가 활동을 이
　　　끄는 힘으로 작용한 좋은 예였던 것 같다.

자기성찰지능 활동. 나뭇잎 하나

자연 유치원

♠ 신체운동지능 활동 목표:

○ 나뭇잎에 대한 느낌을 서로 나누어 본다.

♠ 6차 유치원 교육 과정에서의 관련 요소

표현 생활	표현	동작으로 표현하기	신체를 이용하여 주변의 여러 가지 모양과 움직임을 따라 해 본다.
언어생활	듣기	말소리를 듣기	말소리에 주의를 기울인다.
탐구 생활	과학적 탐구	물체와 물질 탐색하기	여러 가지 물체를 관찰하고, 그 특징을 알아본다.

♠ 7차 유치원 교육 과정에서의 관련 요소

표현 생활	표현	예술적 표현 즐기기	움직임과 춤으로 표현하기
언어생활	듣기	이야기 듣고 이해하기	지시를 듣고, 적절하게 행동한다.
탐구 생활	과학적 기초 능력 기르기	물체와 물질에 대하여 알아보기	여러 가지 물체를 관찰하고, 그 특징을 알아본다.

♠ 숲 속 장소(지명): 수락산

♠ 활동 자료

○ 유치원에서 가져가야 할 것: 『나뭇잎 하나』 동화책, 여러 모양의 나뭇잎, 카메라.

♠ 활동 시간: 30분

♠ 활동 방법:

o 아이들과 산에 올라가서 책을 읽을 수 있는 장소에 모여 앉는다.

o 동화를 읽고, 나뭇잎을 줍는다.

o 유아들이 나뭇잎을 주워 표현하는 것을 사진으로 찍고 기록화한다.

o 나뭇잎을 이용해서 표현해 본 활동에 대한 느낌을 이야기해 본다.

교사: 선생님이랑 동화 들어 볼까?

교사: 어떤 동화였지요?

유아: 동물들이 나뭇잎을 이용해서 부채, 토끼 귀도 만들고, 여러 가지를 만들었어요.

교사: 친구들은 어떤 내용이 제일 기억나니?

교사: 동물 친구들처럼 나뭇잎으로 여러 가지 모양(물건, 사람, 동물……)을 만들어
　　　 볼까?

교사: 그럼 우리가 직접 해 보도록 해요.

교사: 산에 있는 여러 가지 나뭇잎을 주워 오도록 해요.

교사: 책에 있는 것을 그대로 해도 되지만 우리가 생각한 것을 표현해도 괜찮아요.

교사: ○○는 무엇을 표현한 거니? 우와~ 정말 멋진 (　　　)이구나!

교사: 동화책에 나오는 것처럼 나뭇잎을 이용해서 표현해 보니 어떤 기분이 들었나
　　　 요?

♠ 유의점:

o 나뭇잎을 주울 때 아이들이 다치지 않도록 한다.

o 한 가지 모양의 나뭇잎보다는 다양한 나뭇잎을 주워 올 수 있도록 한다.

♠ 사후 활동

o 나뭇잎을 주어서 인디언 모자나 나뭇잎으로 구성하기

♠ 활동 장면

▌〈동화책〉

▌〈도깨비 뿔〉

▌〈시원한 부채〉

▌〈나뭇잎 부메랑〉

♠ 소감

○ 교사: 산이라는 큰 공간에서 동화책을 읽어 주기에는 교사의 목소리가 작다
(무선 마이크 필요함).

○ 아동: 책에서 본 내용을 따라 하는 경향이 있음. 창의적으로 할 수 있도록 교
사의 격려가 필요하다.

신체운동지능 활동. 나무껍질을 느껴요

열린 유치원

♠ **신체운동지능 활동 목표:**

○ 다양한 나무의 모양과 재질을 보고 만지고 냄새를 맡으며 나무껍질의 특징을 경험한다.

○ 크레파스를 문지르며 나무의 껍질 모양을 관찰한다.

♠ **6차 유치원 교육 과정에서의 관련 요소:**

언어생활	말하기	경험, 생각, 느낌 말하기	경험한 것, 생각한 것, 느낀 것에 대해 나름대로 말한다.
탐구 생활	과학적 탐구	물체와 물질 탐색하기	여러 가지 물체를 관찰하고, 그 특징을 알아본다.

♠ **7차 유치원 교육 과정에서의 관련 요소:**

언어생활	말하기	생각과 느낌 말하기	자신의 느낌을 말한다.
탐구 생활	과학적 기초 능력 기르기	자연 현상에 대해 알아보기	자연물의 상태와 변화에 관심을 가진다. 자연물의 상태와 변화를 관찰한다.

♠ **숲 속 장소(지명):** 수원시 권선구 금곡동 칠보산(여러 종류의 나무가 있는 곳)

♠ **활동 자료**

○ 유치원에서 가져가야 할 것: 종이, 크레파스나 색연필.

○ 숲에서 구해야 할 것: 적당히 굵은 다양한 나무

♠ 활동 시간: 30~40분

♠ 활동 방법:
○ 시각과 촉각을 이용하며 여러 나무를 만져 본다.
○ 나무를 손으로 만지며 촉각으로 느껴 본다.
○ 다른 나무들도 만져 본다.
○ 준비된 종이를 나무에 대고 손의 힘으로 힘껏 눌러 본다.
○ 크레파스를 종이 위에 살살 문지른다.
○ 나무에게 함께 놀아 줘서 고맙다는 인사를 나눈다.
○ 스크래치한 종이를 오려 연상 그림을 그린다.

교사: 나무가 어떻게 생겼니?
교사: 이 나무와 저 나무가 어떻게 다르니?
교사: 냄새도 맡아 볼까?
교사: 손으로 만져 볼까?
교사: 어떤 느낌이 드는 것 같니?
교사: 우리가 본 나무의 모양이 크레파스로 문지르니 어떠니?
교사: 나무의 움푹 들어간 곳과 나온 곳이 어떻게 됐니?

♠ 유의점:
○ 크레파스가 나무에 묻어 손상되지 않도록 큰 종이를 준비한다.
○ 너무 얇은 펜이나 연필은 종이가 찢어지므로 색연필이나 크레파스가 좋다.

♠ 확장 활동
○ 눈을 감고 교사가 이야기하는 특징을 지닌 나무를 찾아본다.
○ 숲이 없는 경우 여러 종류의 나무껍질을 준비하여 나무 스크래치를 한다.

♠ 활동 장면

♠ 소감

○ 교사: 나무마다 다른 표면을 눈과 손으로 느낄 수 있는 활동이었다. 나무를 두
　　　팔로 한 아름 안아 보기도 하고, 나무의 진액도 관찰하며 나무와 친해질
　　　수 있는 시간이었다.

신체운동지능 활동. 낙엽 되어 보기

자연 유치원, 노벨 유치원

♠ 신체운동지능 활동 목표:

○ 나무에서 떨어진 낙엽에 관심을 갖는다.

○ 이야기를 듣고 그대로 행동할 수 있다.

♠ 6차 유치원 교육 과정에서의 관련 요소

표현 생활	표현	통합적으로 표현하기	다양한 소재에 대한 생각과 느낌을 음악, 조형, 동작으로 통합하여 표현해 본다.
언어생활	듣기	이야기를 듣고 이해하기	이야기를 듣고, 그 내용을 이해한다.
탐구 생활	과학적 탐구	물체와 물질 탐색하기	여러 가지 물체를 관찰하고, 그 특징을 알아본다.

♠ 7차 유치원 교육 과정에서의 관련 요소

표현 생활	예술적 표현 즐기기	통합적으로 표현하기	주제에 대한 자신의 생각과 느낌을 음악, 춤, 조형 활동, 극놀이 등을 통합하여 표현한다.
언어생활	듣기	이야기를 듣고 이해하기	다른 사람의 이야기를 주의 깊게 듣고 이해한다.
탐구 생활	과학적 기초 능력 기르기	자연 현상에 대해 알아보기	자연물의 상태와 변화에 관심을 가진다. 자연물의 상태와 변화를 관찰한다.

♠ 숲 속 장소(지명): 수락산

♠ **활동 자료**

유치원에서 가져가야 할 것: 천, 낙엽, 카메라.

♠ **활동 시간: 20분**

♠ **활동 방법:**

○ 나무 위에 있는 나뭇잎을 바라본다.

○ 낙엽을 밟아 본다.

○ 2조로 이룬 아이들과 함께한다. 1조는 천을 이용해 낙엽을 날린다. 2조는 교사의 이야기를 듣고 활동한다.

○ 1조와 2조가 바꾸어서 활동을 해 본다. 이야기 꾸미기는 교사 대신 아이가 할 수 있다. 맞으면서 활동한 느낌을 이야기한다.

교사: 나무에 달려 있는 나뭇잎은 무슨 색이였을까?(초록색, 연두색......)

교사: 바닥을 보세요. 바닥에 있는 나뭇잎은 무슨 색일까?(갈색, 빨간색......)

교사: 왜 나무에 달린 나뭇잎은 떨어졌을까? 왜 색이 변했을까?

교사: 어떤 소리가 들리지요?

교사: 낙엽을 밟아 보니 어떤 느낌이 드나요?

교사: 손으로 날려 볼까요? 낙엽이 어떻게 되나요?

교사: 우리가 날린 낙엽이 바닥으로 떨어지니 어떤 생각이 들까요?

     (낙엽 비, 눈, 비눗방울 바람......)

교사: 그럼 선생님의 이야기를 잘 듣고 표현해 보세요.

교사: 1조는 낙엽을 천에 모아서 날려 주기만 하면 돼요. 2조는 선생님의 말을 잘 들으세요.

교사: 하늘에서 비가 주룩주룩(쏴아~쏴아~) 오고 있어요. 우리는 어떻게 할까요?

교사: 바람이 쌩쌩 불어요. 낙엽 비가 내려요. 눈이 펑펑 내리고 있어요. 우리는 어떻게 할까요?

교사: 낙엽을 던져 보니 어땠어요? 낙엽을 맞으며 활동하니 어떤 기분이 들었나요?

♠ 유의점:

○ 낙엽을 모아 던질 때 돌멩이나 나뭇가지 등 위험한 물건이 들어가지 않도록 한다.

○ 교사는 아이들의 몸동작이 창의적으로 나올 수 있도록 많은 예를 들어 이야기 한다.

○ 낙엽이 많고 위험하지 않은 장소를 택한다.

○ 아이들과 함께 조를 이룬다.

♠ 확장 활동

낙엽을 미리 주워서 한다.

♠ 사후 활동

낙엽을 날려 본 경험을 이야기해 본다.

♠ 활동 장면

♠ 소감

○ 교사: 낙엽을 주워 천에 담아 던질 때 낙엽 이외의(흙, 나뭇가지 등) 것들이 함께 들어가서 던지고 나면 아이들 중에 "선생님 눈에 뭐가 들어간 것 같아요."라며 활동에 재미를 느끼지 못하는 경우도 있다.

신체운동지능 활동. 낙엽 되어 보기

노벨 유치원. 자연 유치원

♠ 신체운동지능 활동 목표:

○ 나무의 구조에 대해 이해한다.

○ 직접 나무가 되어 몸으로 표현해 본다.

♠ 6차 유치원 교육 과정에서의 관련 요소

표현 생활	표현	통합적으로 표현하기	다양한 소재에 대한 생각과 느낌을 음악, 조형, 동작으로 통합하여 표현해 본다.
언어생활	듣기	이야기를 듣고 이해하기	이야기를 듣고, 그 내용을 이해한다.
탐구 생활	과학적 탐구	물체와 물질 탐색하기	여러 가지 물체를 관찰하고, 그 특징을 알아본다.

♠ 7차 유치원 교육 과정에서의 관련 요소

표현 생활	예술적 표현 즐기기	통합적으로 표현하기	주제에 대한 자신의 생각과 느낌을 음악, 춤, 조형 활동, 극놀이 등을 통합하여 표현한다.
언어생활	듣기	이야기를 듣고 이해하기	지시를 듣고 적절하게 행동한다.
탐구 생활	과학적 탐구	물체와 물질에 대해 알아보기	물체와 물질의 변화에 관심을 가진다.

♠ 숲 속 장소(지명): 수락산

♠ 활동 자료
○ 유치원에서 가져가야 할 것: 카메라

♠ 활동 시간: 30분

♠ 활동 방법:
○ 나무를 본 경험에 대해 이야기한다.
○ 직접 산으로 가서 나무를 직접 관찰한다.
○ 유아들이 몇몇 그룹을 지어 나무를 표현해 본다.
○ 유아들이 협동하여 나무가 되어 본다.

교사: 너희들은 나무를 본 적이 있니?
교사: 어디서 보았지? 어떻게 생겼니?
교사: 나무는 어떻게 자랄까?
교사: 나무속은 어떻게 생겼을까?
교사: 나무의 모양을 보자 어떤 것들이 있니?(뿌리, 잎, 가지, 껍질 등)
교사: 무슨 나무가 되어 볼까?
교사: 나무 겉을 표현했으면 이번엔 나무속을 상상해서 표현해 볼까?

♠ 유의점:
○ 나무에 대해 교사는 사전 지식을 준비해 둔다.

♠ 확장 활동
○ 주변에서 흔히 볼 수 있는 나무(공원, 잔디)

♠ 사후 활동
○ 나무가 되어 본 느낌을 그림으로 표현한다.

♠ 활동 장면

▌〈친구와 함께 협동하여 멋진 나무를 만들어요. 가운데 있는 친구는 뿌리예요.〉

♠ 소감

○ 교사: 나무와 관련된 것을 교실에서 그림 자료를 보여 준 후 활동을 한다.

신체운동지능 활동. 줄을 이용한 다양한 놀이

보광 어린이집

♠ 신체운동지능 활동 목표:

○ 나무와 줄을 이용하여 다양한 신체놀이를 한다.

♠ 6차 유치원 교육 과정에서의 관련 요소

건강 생활	기본 운동 능력	이동 운동하기	공간을 이동하면서 몸을 다양하게 움직여 본다.
언어생활	안전	안전하게 놀이하기	이야기를 듣고, 그 내용을 이해한다.
탐구 생활	과학적 탐구	물체와 물질 탐색하기	여러 가지 물체를 관찰하고, 그 특징을 알아본다.

♠ 7차 유치원 교육 과정에서의 관련 요소

건강 생활	나의 몸 움직이기	도구 및 놀이 시설을 활용하기	공, 리본, 후프, 평균대, 매트 등 도구와 놀이 시설을 활용하여 신체 활동을 한다.
언어생활	안 듣기	이야기 듣고 이해하기	다른 사람의 이야기를 주의 깊게 듣고 이해한다.
탐구 생활	탐구하는 태도 기르기	탐구 과정 즐기기	내가 궁리한 방법대로 해 본다.

♠ 숲 속 장소(지명): 나무가 우거진 곳, 효창 공원.

♠ 활동 자료

○ 유치원에서 가져가야 할 것: 고무줄, 가위.

♠ 활동 시간: 20분

♠ 활동 방법:
○ 준비해 온 고무줄을 보여 주며 이야기 나눈다.
○ 다양한 높이의 차이를 두어 나무에 고무줄을 묶어 둔다.
○ 유아들과 재미있게 넘어가는 방법을 정한 뒤 조심히 줄을 지나간다.

교사: 이것은 무엇일까?
유아: 고무줄이요.
교사: 고무줄을 가지고 어떻게 놀이할 수 있을까?
유아1: 바닥에 놓고 선을 따라 걸어가요.
유아2: 줄넘기요.

교사: 그럼 고무줄을 어떻게 넘을 수 있을까?
유아1: 뛰어서요.
유아2: 아래로 지나가요.
교사: 이 줄은 어떻게 넘는 것이 쉬울까?
유아: 아래로 지나가요.

교사: 다른 방법은 없을까?
유아: 몸을 뒤로 하고 아래로 지나가요.
교사: 만약 이 줄의 높이가 낮아지면 어떻게 될까?
유아: 한번 해 봐요.
유아: 줄이 안 닿게 지나려면 몸을 더 숙여야 해요.

교사: 줄을 지날 때 어떤 생각이 들었니?
유아1: 줄이 닿을까 봐 가슴이 떨려요.
유아2: 허리를 뒤로해야 해서 조금 힘들어요.
교사: 어떻게 하면 이 줄을 재미있게 통과할 수 있을까?
아동: 머리를 뒤로 숙여서요.

♠ 유의점:

○ 전깃줄이나 불이 붙은 마법의 줄 등으로 재미있게 표현하여 놀이에 흥미를 유발할 수 있다.

♠ 확장 활동

○ 줄의 높이를 낮게 하여 발로 밟으며 지나가거나 두 발을 모아 점프 뛰기 놀이를 한다.

♠ 사후 활동

<과학영역> "높이 재기"

머리를 숙이지 않은 상태로 줄이 닿지 않게 지나갈 수 있는 높이는 어느 정도인지 또 반에서 가장 낮은 높이까지 지나갈 수 있는 친구가 누구인지 측정해 본다.

♠ 활동사진

▌ 조심조심 천천히

♠ 소감

○ 교사: 대부분 머리를 숙이지 않고 건너는 새로운 걸음걸이에 즐겁게 활동을 하였으나 몇몇 유아들은 다소 생소해서였는지 시도하는 데 부끄러워하였다.

음악지능 활동. 주변의 숲 속 소리 듣기

다중지능연구소

♠ 음악지능 활동 목표:

○ 청진기의 기능을 안다.

○ 숲 속 나무의 소리를 들을 수 있다.

○ 들리지 않는 소리를 청진기를 활용하여 들을 수 있다.

♠ 6차 유아 교육 과정에서의 관련 요소

표현 생활	탐색	소리 탐색하기	자연과 주위 환경에서 나는 소리에 관심을 가진다.
탐구 생활	과학적 탐구	도구와 기계에 관심을 가지기	간단한 도구를 사용해 본다.

♠ 7차 유아 교육 과정에서의 관련 요소

표현 생활	자연과 생활에서 아름다움 찾아보기	소리, 움직임, 조형물에 관심 가지기	자연과 주변 환경의 소리, 음악, 움직임, 조형물에 관심을 가진다.
탐구 생활	과학적 기초 능력 기르기	간단한 도구와 기계 활용하기	생활 속에서 사용되는 수의 여러 가지 의미를 안다.

♠ 준비물: 청진기, 수액이 올라가는 나무의 측면, 나뭇잎, 돌, 시냇물(부디 좀 멀리서……).

♠ 준비 사항

유아들이 청진기의 성능을 알고 사용할 준비가 되었을 때 제시한다.

♠ 활동 방법:

○ 청진기에 대한 수수께끼를 낸다.

> 교사: 우리가 평소에는 듣지 못한 소리를 들으려고 해, 그러려면 어떤 도구가 필요
> 한데 뭘까? 병원에 가면 이것을 볼 수 있고, 줄로 이어져 있다.
> 그리고 끝 부분엔 동그란 모양이 있다. 병원 놀이할 때 사용하는 거다. 우리
> 몸의 소리를 들을 때 사용하는 도구이기도 하다. 무엇일까?

○ 청진기를 함께 탐색하고 사용법을 읽은 후에 제한된 범위 내에서 듣고 싶은
소리를 듣는다.

♠ 유의점:

청진기를 남용하지 않도록 주의에 주의를 거듭한다. 청진기를 시냇물 표면에 대
면 고막이 상할 수 있다는 점을 꼭 주의시킨다.

음악지능 활동. 숲에서 들려요

♠ **음악지능 활동 목표:**

○ 숲에서 들리는 다양한 소리를 들을 수 있다.

○ 숲 속의 소리를 상상해 볼 수 있다.

♠ **6차 유치원 교육 과정에서의 관련 요소**

표현 생활	감상	음악 감상하기	다양한 종류의 음악을 듣고 즐긴다.

♠ **7차 유치원 교육 과정에서의 관련 요소**

표현 생활	감상	아름다움 느끼기	자연과 다양한 음악, 춤, 조형물, 극놀이 등을 듣거나 보고 즐긴다.

♠ **숲 속 장소(지명): 교실**

♠ **활동 자료**

○ 유치원에서 가져가야 할 것: 숲 속의 소리 CD

♠ **활동 시간: 20분**

♠ **활동 방법:**

○ 숲에서 들을 수 있는 소리를 상상하여 본다.

○ 숲 속의 소리를 들어 본다.

○ 들은 후 내가 들은 소리를 이야기한다.

교사: 세심천에 갔을 때 어떤 소리를 들었니?
유아: 새소리요. / 나뭇잎 소리요. / 바람소리요.
교사: 그럼 들리진 않았지만 어떤 소리가 들렸으면 좋겠니?
유아: 시냇물 소리요. / 다람쥐가 뛰어다니는 소리요.
교사: 선생님이 숲에서 들을 수 있는 여러 소리를 CD에 준비해 왔어.
　　　다 함께 들어 보면서 어떤 소리가 들리는지 이야기해 보자.
교사: 어떤 소리가 들렸니?
유아: 시냇물 소리요. / 새소리요. / 딱따구리 소리요.
교사: 숲에서 나는 여러 소리를 선생님이 악기로 준비해 왔어. 이 악기를
　　　연주하면 너희들이 숲에 온 느낌이 들 거야.

♠ 유의점:

○ 소리 듣기 활동 후 유아들과 함께 숲에 가서 직접 자신의 생각과 맞는지 소리
　를 들어 보며 감상활동 시 바른 자세로 들을 수 있도록 한다.

○ 평소 자주 음악 감상 활동을 하여 유아들이 바른 자세로 소리 감상을 할 수
　있도록 한다.

공간지능 활동. 나뭇잎 스크래치

♠ **공간지능 활동 목표:**

○ 나뭇잎의 잎맥을 다양하게 표현한다.

♠ **6차 유치원 교육 과정에서의 관련 요소**

표현 생활	표현	만들기와 꾸미기	한 가지 재료를 활용하여 새롭고 다양한 방법으로 만들고 꾸며 본다.

♠ **7차 유치원 과정에서의 관련 요소**

표현 생활	예술적 표현 즐기기	조형 활동으로 표현하기	조형 활동을 통해 자신의 생각과 느낌을 창의적으로 표현한다.

♠ **숲 속 장소(지명): 교실**

♠ **활동 자료:**

유치원에서 가져가야 할 것: 도화지, 나뭇잎, 색연필.

♠ **활동 시간: 20분**

♠ **활동 방법:**

○ 나뭇잎의 생김새, 잎맥을 관찰한다.

○ 잎맥의 역할을 알아본다.

○ 도화지 밑에 나뭇잎을 놓고 색연필로 스크래치 활동을 한다.

교사: 너희들이 주워 온 나뭇잎을 관찰해 보자. 나뭇잎에는 어떤 모양들이 있니?
유아: 긴 선이 있어요. / 가느다란 선도 여러 개 있어요.
교사: 너희들이 보고 있는 그 선을 잎맥이라고 해. 이 잎맥은 나뭇잎에 왜 있는 걸까?
유아: 잎맥으로 물이 지나다녀요.
교사: 물이 지나다니고 나뭇잎과 나무에게 필요한 영양분도 지나다니는 중요한 역할을 해.

교사: 이 잎맥은 손으로 만져 봐. 어때?
유아: 울퉁불퉁해요. / 두꺼워서 손으로 만져져요.
교사: 잎맥이 잘 보이는 부분을 위로 놓고 도화지를 올려놓은 다음 색연필로 색칠을 하면 나뭇잎이 그대로 나타나. 한번 너희들이 직접 해 볼까?
교사: 적당한 힘을 주어서 색연필로 칠하니깐 도화지에도 나뭇잎이 많이 생겼네? 우리 잎맥이 무엇이라고 했었지?
유아: 물이 지나다니는 길이요. / 영양분도 지나가요.

♠ **유의점:**
○ 나뭇잎을 밑에 놓고 색칠할 때 위치를 유아들이 잘 모를 수 있으므로 도화지 밑에 나뭇잎을 붙여 주면 좋다.
○ 색칠할 때 너무 진하게 할 수 있으므로 교사가 도와준다.
○ 유아들이 색칠을 할 때 조절이 부족하여 잎맥이 잘 나타나지 않을 수 있으므로 충분히 색칠 방법을 소개하고 알려 준다.

♠ **확장 활동**
동전을 이용하여 스크래치를 해 본다.

♠ 소감

○ 교사: 유아들이 색칠을 할 때 조절이 부족하여 잎맥이 잘 나타나지 않을 수 있으므로 충분히 색칠 방법을 소개하고 알려 준다. 너무 세게 해서 찢어지는 경우도 있으나 나뭇잎의 모양이 그대로 종이에 나타나는 모습은 너무 신기해하였고 동전도 이와 같은 원리로 모양을 나타나게 할 수 있다.

공간지능 활동. 나뭇잎 액자를 만들어요

행복한 유치원

♠ **공간지능 활동 목표:**

○ 나뭇잎을 이용하여 창의적으로 구성할 수 있다.

♠ **6차 유치원 교육 과정에서의 관련 요소**

표현 생활	표현	만들기와 꾸미기	한 가지 재료를 활용하여 새롭고 다양한 방법으로 꾸민다.
표현 생활	감상	예술적 표현 존중하기	서로의 생각이나 다른 점을 이해하고 존중한다.

♠ **7차 유치원 교육 과정에서의 관련 요소**

표현 생활	예술적 표현 즐기기	조형 활동으로 표현하기	조형 활동을 통해 자신의 생각과 느낌을 창의적으로 표현한다.
표현 생활	감상하기	예술적 표현 존중하기	나와 다른 사람의 예술 표현을 소중히 여긴다.

♠ **숲 속 장소(지명): 세심천 공원(도봉구)**

♠ **활동 자료**

○ 유치원에서 가져가야 할 것: MDF판, 목공용 풀, 테이프.

○ 숲에서 구해야 할 것: 나뭇잎, 나뭇가지, 자연물.

♠ **활동 시간: 30분**

♠ **활동 방법:**

○ 다양한 나뭇잎의 모양을 관찰한다.

○ 나뭇잎을 이용하여 목공용 풀로 구성 활동을 한다.

○ 자신의 작품을 소개한다.

교사: 숲에서 볼 수 있는 여러 다양한 나뭇잎을 관찰해 보자. 어떤 모양이 보이니?

유아: 긴 선이 많이 있어요. / 만지면 올록볼록해요. / 까칠까칠해요.

교사: 이렇게 생김이 모두 다르고 다양한 느낌이 나는 나뭇잎을 이용해서 액자를
만들어 볼 거야. 다시 내가 가지고 온 나뭇잎을 관찰해 볼까?

교사: 우리가 관찰한 나뭇잎을 이용해서 액자를 만들자. 내가 만들고 싶은 모양을
생각하면서 나뭇잎을 붙이면 예쁜 액자가 완성이 돼.

교사: 너희들이 다양한 나뭇잎을 이용해서 너무나 멋진 액자를 만들었네.
내가 만든 액자가 어떤 것인지 친구들 앞에 나와서 설명해 볼까?

♠ **유의점**

○ 마른 나뭇잎으로 구성할 때 부스러질 수 있으므로 유아들과 나뭇잎을 주워 온
후 빠른 시일 이내에 활동을 하여야 한다.

○ 풀로 붙일 경우 잘 붙지 않을 수도 있으므로 테이프도 준비하여 유아들이 활
동에 어려움을 느끼지 않도록 한다.

♠ **소감**

○ 교사: 교사가 예상치 못한 아이들의 다양하고 창의적인 모습을 볼 수 있었다. 긴
나뭇잎 같은 경우 꼬리로 하면서 꾸민 아이들의 작품이 너무 멋있다.

공간지능 활동. 눈 가리고 멈춰 놀이

자연 유치원

♠ **공간지능 활동 목표:**
○ 놀이를 통하여 자연스럽게 거리 감각을 안다.

♠ **6차 유치원 교육 과정에서의 관련 요소**

표현 생활	수학적 탐구	기초적인 측정과 관련된 경험하기	일상생활에서 측정과 관련된 말을 사용한다.

♠ **7차 유치원 교육 과정에서의 관련 요소**

탐구 생활	수학적 기초 능력 기르기	기초적인 측정해 보기	임의 측정 단위를 사용해서 길이, 들이 등의 측정 경험을 한다.

♠ **숲 속 장소(지명): 유치원 잔디**

♠ **활동 자료**
○ 유치원에서 가져가야 할 것: 거리를 표시한 안내판, 눈가리개, 줄자.
○ 숲에서 구해야 할 것: 거리를 측정할 때 쓰는 도구 관찰하기.

♠ **활동 시간: 20~30분**

♠ **활동 방법:**
○ 미리 거리를 표시한 안내판을 세워 둔다.
○ 각자 원하는 동물을 생각한 후 눈을 가린다.

○ 출발선에서 원하는 동물을 이야기하면 교사가 일정한 거리를 정한다.
  교사: 다람쥐는 5m를 갑니다. 토끼는 10m를 갑니다.

○ 유아는 눈을 가린 채 정해진 거리까지 가서 정확하게 멈춰 선다. 이때 다른
  사람은 소리를 내어 거리를 알려 주지 않도록 주의한다.
○ 정확한 지점에 다다랐다고 생각하면 멈춰서 눈가리개를 풀고 위치를 확인한다.

♠ 유의점:
놀이를 진행하는 동안 다른 사람은 거리를 알려 주지 않도록 주의한다.

♠ 확장 활동
거리를 측정하기 위한 도구를 다른 사물로 대체한다.

♠ 사후 활동
느낌 이야기 나누기

♠ 활동 장면, 결과물.

♠ 소감
○ 교사: 정확한 지점에 다가가기가 어려웠다.

자연지능 활동. 풀꽃 반지 만들기, 왕관 만들기

다중지능연구소

♠ 자연지능 활동 목표:

○ 자연물로 내 몸을 꾸밀 수 있다.

○ 인공 접착제나 도구를 사용하지 않고 만들 수 있다.

♠ 6차 유치원 교육 과정에서의 관련 요소

표현 생활	표현	만들기와 꾸미기	한 가지 재료를 활용하여 새롭고 다양한 방법으로 만들고 꾸며 본다.
		분류하기와 순서 짓기	한 가지 준거로 사물을 모아 본다.

♠ 7차 유치원 교육 과정에서의 관련 요소

표현 생활	예술적 표현 즐기기	조형 활동으로 표현하기	조형 활동에 필요한 재료와 도구에 관심을 가지고 사용한다.
탐구	수학적 기초 능력 기르기	자료 정리 및 결과 나타내기	모든 자료를 다양한 방법으로 나타내 본다.

♠ 준비물: 주변의 나뭇잎, 풀꽃, 그리고 사진기.

♠ 준비 사항: 욕심을 내어서 꽃을 꺾는 데 너무 많은 시간이 할애하지 않도록 한다.

♠ 활동 방법:

○ 손에 끼고 있는 반지를 보이며 무엇인지 물어 본다. 그리고 풀로 만든 반지도 보인다.

교사: 이 반지를 본 적이 있니? 무엇으로 만들었을까?

교사: 이것을 손에 끼면, 혹은 머리에 얹으면 어떤 느낌이 들까? 이것 어떻게 만들었을까?

풀을 사용하지 않고 실도 사용하지 않고 어떻게 만들었을까?

교사: 우리도 한번 만들어서 끼어 보자. 그리고 나중엔 액세서리 모델이나, 여러 작품 전시회를 해 보자.

♠ 유의점:

○ 풀꽃을 너무 많이 꺾지 않도록 한다. 풀과 풀을 잇는 것을 어려워하는 경우엔 교사가 적절히 도와준다.

자연지능 활동. 솔방울 던지기

자연 유치원

♠ **자연지능 목표:**

○ 자연에서 얻을 수 있는 열매에 대해 안다.

○ 솔방울을 이용하여 자연에서 할 수 있는 놀이에 대해 알 수 있다.

♠ **6차 유치원 교육 과정에서의 관련 요소**

건강 생활	감각 및 신체 인식	감각 기관을 활용하기	여러 가지 감각 기관을 활용해 본다.
	기본 운동 능력	조작 운동하기	도구를 활용하여 신체 활동을 해 본다.
탐구 생활	과학적 탐구	물체와 물질 탐색하기	여러 가지 물체를 관찰하고, 그 특징을 알아본다.

♠ **7차 유치원 교육 과정에서의 관련 요소**

건강 생활	나의 몸 인식하기	감각 기관을 활용하기	감각 기관을 활용한다.
	나의 몸 움직이기	도구 및 놀이 시설을 활용하기	공, 리본, 후프, 평균대, 매트 등 도구와 놀이 시설을 활용하여 신체 활동을 한다.
탐구 생활	기초 능력 기르기	생명체와 자연 환경을 소중하게 여기기	관심 있는 동식물의 특성을 알아본다.

♠ **숲 속 장소(지명): 수락산**

♠ **활동 자료**
○ 유치원에서 가져가야 할 것: 솔방울을 담을 모자 혹은 상자
○ 숲에서 구해야 할 것: 솔방울

♠ **활동 시간: 40분**

♠ **활동 방법:**
○ 숲 속에서 볼 수 있는 열매에 대해 이야기 나눈다.

교사: 숲 속 나무에 열리는 열매를 본 적이 있니?(밤, 도토리, 솔방울 등)
교사: 밤이나 도토리 솔방울 등으로 무엇을 해 보았니?
교사: 이런 열매들을 먹기도 하지만 열매들로 숲에서 할 수 있는 놀이가 무엇이 있
      을지 생각해 보자.

○ 아이들에게 주변에 있는 솔방울 5개를 주워 오도록 한다.
○ 준비된 모자나 작은 상자를 일정한 거리에 놓아둔다.
○ 아이들을 일렬로 서게 하고 한 사람씩 던져 넣게 한다.
○ 가장 많이 던져 넣은 친구가 승리한다.
○ 계속해서 놀이를 진행할 경우 왼손으로 던지거나 한쪽 눈을 감고 던져 놓도록
  한다.
○ 놀이 활동이 끝나면 아이들과 다음과 같은 질문을 나누어 본다.

교사: 오른손으로 던졌을 때와 왼손으로 던졌을 때 왜 차이가 날까?
교사: 두 눈을 뜨고 던졌을 때와 한쪽 눈을 감고 던졌을 때 왜 차이가 날까?

○ 숲에서 활동을 하기 전에 게임 방법이나 주의해야 할 사항에 대해 이야기 나눈다.

♠ 교사 발문

교사: 솔방울을 이용해서 던져 보니 잘 들어가는 것 같니?

유아: 네, 재미있어요. 도토리나 밤으로 던져 봤으면 좋겠어요.

♠ 유의점

○ 솔방울을 던질 때 차례를 지키며 게임 방법에 대한 규칙을 지키도록 한다.

♠ 확장 활동

○ 솔방울 이외에 도토리나 밤 또는 돌멩이를 이용하여 던져 볼 수 있다.

♠ 사후 활동

○ 솔방울 이용하여 축구하기.

♠ 활동 장면

① 활동하는 장면(활동 관련 사진)

♠ 소감

○ 교사:

　적당한 거리를 유지하고 바구니 안에 솔방울을 던져 보는 활동이었다. 자신이 직접 주워 온 솔방울을 탐색해 보고 던져 보았다. 자리가 다소 가까웠는지 "선생님, 너무 쉬워요."라는 말에 바구니의 위치를 점점 멀리하여 던져 보았다.

자연지능 활동. 가을 숲 관찰하기

자연 유치원, 노벨 유치원

♠ **자연지능 목표:**

○ 자기 몸의 여러 감각 기관을 활성화시킬 수 있다.

○ 자신의 감정이나 마음을 차분하게 할 수 있다.

♠ **6차 유치원 교육 과정에서의 관련 요소**

건강 생활	감각 및 신체 인식	감각 기관을 활용하기	여러 가지 감각 기관을 활용해 본다.
표현 생활	감상	자연과 사물 및 조형 작품 감상하기	자연과 사물의 아름다움을 느낀다.

♠ **7차 유치원 교육 과정에서의 관련 요소**

건강 생활	나의 몸 인식하기	감각 기관을 활용하기	감각 기관을 활용해 본다.
표현 생활	감상하기	아름다움 느끼기	다양한 음악, 춤, 조형물, 극놀이 등을 감상하고 생각과 느낌을 나눈다.

♠ **숲 속 장소(지명): 뒷동산**

♠ **활동 자료**

○ 유치원에서 가져가야 할 것: 돗자리

○ 숲에서 구해야 할 것: 그늘진 장소

♠ 활동 시간: 20분

♠ 활동 방법:
○ 숲에 대해 이야기 나눈다.

　교사: "숲" 하면 제일 먼저 떠오르는 것이 무엇이 있니?
　교사: "숲"에서 볼 수 있는 것들은 무엇이 있니?(여러 종류의 나무, 곤충, 식물 등)

○ 사계절에 따른 숲의 변화에 대해 이야기해 본다.

　교사: 가을이 된 지금 숲은 어떻게 변하였을까?
　교사: 가을의 숲을 몸으로 느껴 보자.

○ 숲에 가기 전에 활동방법과 지켜야 할 규칙에 대해 이야기 나눈다.
○ 하늘을 보면서 숲 바닥에 눕는다.
○ 숲과 관련된 동화나 속담 등을 이야기하게 한다.

　교사: 자, 모두 눈을 감아 보세요. 마음속으로 10까지 세고 눈을 떠 보세요.

○ 눈을 뜨면 나무의 가지나 잎과 부분적으로 하늘이 보인다. 이때 빛과 그림자,
　어두운 곳과 밝은 곳을 관찰하도록 한다.
○ 다시 눈을 감는다. 1분 정도 뒤에 눈을 뜨게 한다.
○ 이제는 색상만을 관찰하게 한다.
○ 다시 눈을 감는다. 1분 정도 뒤 눈을 뜬다.
○ 이제는 형태에 대해 집중하도록 한다.
○ 같은 방법으로 눈을 감았다가 다시 눈을 뜬다.
○ 이번에는 그동안 관찰했던 색상 그리고 형태를 모두 함께 관찰할 수 있도록 한다.

♠ 교사 발문

교사: 우리 친구들 재미있는 동화가 뭐야?
아동: 콩쥐 팥쥐예요.

♠ 유의점:
여럿이 활동을 함께할 때 몸이 서로 부딪히지 않게 주의한다.

♠ 활동 장면, 결과물(유아들 결과물, 활동 장면 사진)
① 활동하는 장면(활동 관련 사진)

〈누워서 위를 바라본 그림〉

〈눈을 감고 숲에서 나는 소리를 들어요〉

〈가을 숲의 변화된 모습을 눈으로 관찰해요〉

자연지능 활동. 촉감으로 자연을 알아봐요

자연 유치원

♠ **자연지능 목표:**

○ 촉각을 이용하여 자연 속에 있는 물체를 탐색해 보고 직접 몸으로 느껴 본다.

○ 여러 가지 사물을 손으로 만져 보고 냄새를 맡는다.

♠ **유아 교육 과정에서의 관련 요소**

건강 생활	나의 몸 인식하기	감각 기관을 활용해 본다.	감각 기관을 협의하여 활동한다.
탐구 생활	탐구하는 태도 기르기	사물과 현상에 지속적인 관심 가지기	생활 주변의 사물과 현상에 대해 호기심을 가진다.

♠ **숲 속 장소(지명): 수락산**

♠ **활동 자료**

○ 유치원에서 가져가야 할 것: 눈가리개, 종이 상자, 가위, 연필, 풀 등.

○ 숲에서 구해야 할 것: 자연에서 볼 수 있는 것(낙엽, 돌멩이, 나뭇가지 등).

♠ **활동 시간: 40분**

♠ **활동 방법:**

○ 자연에서 볼 수 있는 것과 교실에서 볼 수 있는 것들에 대해 이야기 나눈다.

　교사: 숲 속에서는 어떤 자연물들을 볼 수가 있니?(나무토막, 도토리, 나뭇잎 등)

교사: 교실에서만 볼 수 있는 사물들은 무엇이 있니?(볼펜, 지우개, 연필 등)

교사: 눈으로 쉽게 보고 지나칠 수 있는 자연물들을 손으로 직접 만져 보고 일반 사물과 느낌이 어떤지 비교해 보고 탐구해 본다.

○ 숲에서 활동을 하기 전에 활동 방법에 대해 이야기 나눈다.

○ 주변에서 쉽게 찾아볼 수 있는 사물과 숲에서 찾을 수 있는 것을 고루 섞는다.

○ 각각의 상자를 각기 다른 나무에 노끈으로 묶어 놓는다.

○ 놀이에 참가하는 아이들은 둘씩 짝을 짓는다.

○ 한 명은 눈가리개로 눈을 가리고 다른 한 명은 눈을 가린 친구를 나무에 매달아 놓은 상자로 안내한다.

○ 눈을 가린 사람은 상자 안에 손을 넣어 그 안에 들어 있는 사물이 무엇인지 느낀다.

○ 눈을 가린 사람은 안내자에게 느낀 것에 대해서 이야기해 주고, 안내자와 함께 그것이 무엇인지 알아맞혀 기록한다. 이때 절대로 눈으로 보아서는 안 된다.

○ 활동이 끝나면 각각의 상자 속에 무엇이 들어 있었는지 하나씩 꺼내 설명한다.

♠ 교사 발문

○ 교사: 교실에서만 볼 수 있는 것과 자연에서 볼 수 있는 것을 비교해서 만져 보니 느낌이 어떠니?

○ 유아: 교실에서 볼 수 있는 물건은 딱딱하기만 한데, 숲에서 볼 수 있는 것들은 딱딱하기도 하고 부스럭부스럭 여러 가지 소리가 나는 것 같아요.

♠ 유의점:

○ 안내자는 눈을 가린 친구가 넘어지지 않도록 잘 안내해야 한다.

♠ 사후 활동

○ 다양한 사물을 촉감으로 느껴 보고 어떤 물건이었는지 상상해서 그림으로 표현하기.

♠ 활동 장면

① 활동하는 장면

♠ 소감

○ 교사: 자연과 교실에서 나는 여러 가지 사물들을 촉감을 이용해 느껴 보는 재미있는 활동이었다. 그러나 유아들이 눈을 가린 채로 활동이 이루어지기 때문에 친구의 도움이 필요했고 규칙이나 주의 사항을 명확하게 이야기 나누고 인지한 후 활동이 이루어져야 한다.

자연지능 활동. 돌멩이 관찰하기

교하 슬기유치원

♠ **논리수학지능 활동 목표:**

○ 주변의 자연물에 관심을 갖는다.

○ 돌멩이가 있는 환경에 따른 생김새를 비교해 본다.

♠ **6차 유치원 교육 과정에서의 관련 요소**

표현 생활	표현	만들기와 꾸미기	한 가지 재료를 활용하여 새롭고 다양한 방법으로 만들고 꾸며 본다.
탐구 생활	과학적 탐구	분류하기와 순서 짓기	여러 가지 사물의 다른 점과 같은 점을 살펴본다.

♠ **7차 유치원 교육 과정에서의 관련 요소**

표현 생활	예술적 표현 즐기기	조형 활동으로 표현하기	조형 활동을 통해 자신의 생각과 느낌을 창의적으로 표현한다.
탐구 생활	수학적 기초 능력 기르기	자료 정리 및 결과 나타내기	처음에 분류한 기준과 다른 기준으로 다시 분류한다.

♠ **숲 속 장소(지명): 사패산**

♠ **대상 연령: 만 5세**

♠ **활동 자료**

유치원에서 준비해 갈 것: 비닐봉지(유아 개인별로), 그리기 도구, 돋보기, 사진 자료.

♠ 활동 방법:

○ 돌멩이의 쓰임새에 대해 이야기 나눈다.

▌〈사진 1〉

○ 숲에서 돌멩이를 찾아 준비해 온 봉지에 넣는다.

▌〈사진 2〉

○ 채집한 돌멩이를 보며 활동을 회상한다.

교사: 이것이 무엇인가요?
유아: 돌멩이요.
교사: 돌멩이로 무얼 할 수 있을까요?

유아: 집 만들어요, 탑 만들어요.

교사: 돌멩이가 어디에 쓰이는지 함께 이야기해요.

(돌멩이의 자료 그림을 보이며)

유아: 어떤 그림인가요?

교사: 돌이 많이 있어요.

유아: 돌은 어디에서 볼 수 있나요?

교사: 바다요, 산에 가도 돌이 많아요.

유아: 돌이나 큰 바위 같은 것의 쓰임새를 알 수 있는 사진이에요. 어떻게 쓰이나요?

유아: (조각품을 보고) 어? 저런 거 엄마, 아빠랑 공원에서 봤어요.

교사: 숲 속 길가에 돌멩이를 찾아볼까요?

유아: 여기 있어요.

교사: 모양은 어떤가요?

유아: 세모 모양인데요. 동그란데요.

교사: 색은 어떤가요?

유아: 검은색인데 흰색도 섞여 있어요.

교사: 우리 여기에서 주은 돌멩이를 가지고 유치원에서 재미있는 만들기를 해 봐요.

교사: 숲에서 주워 온 돌멩이의 모양은 어떤가요?

유아: 세모요, 네모요, 이상한 모양도 있어요.

교사: 놀이터에서 주은 돌멩이는 어떤 모양인가요?

유아: 삐죽삐죽해요.

교사: 바다에서 주웠던 돌멩이는 어떤가요?

유아: 동그래요. 미끌미끌해요.

교사: 왜 주운 곳에 따라 돌멩이의 모습이 다를까요?

(유아들과 함께 왜 그런지에 대해 이야기한다.)

♠ 유의점

○ 놀이터나 숲에서 주워 온 돌멩이는 별다른 차이가 없는 것도 많기 때문에 유아들과 함께 구분할 수 있는 약속을 하거나 표시를 해 두도록 한다.

○ 하나하나 탐색하며 모을 수 있도록 한다.

○ 사전에 숲에 위험물이 있는지, 돌멩이가 많은 곳은 어딘지 미리 답사한다.

♠ 확장 활동

○ 유아들이 여행 다녀올 때에 다양한 곳에서 돌을 가져와서 더 세부적으로 분류 나 비교 활동을 할 수 있다.

♠ 사후 활동

○ 과학영역에 돌멩이가 있었던 곳의 그림과 함께 돌멩이를 분류하여 비치하고, 유아들이 관찰하고 비교해 볼 수 있도록 한다.

〈사진 3〉

〈사진 4〉

숲 속에서 주운 돌멩이는 어떤 모양인가요?

놀이터에서 주운 돌멩이는 어떤 모양인가요?

바닷가에서 가져온 돌멩이는 어떤 모양인가요?

♠ 소감

○ 교사: 바닷가에서 채집한 돌 외에는 돌멩이의 모양이 매우 유사하여 서로 섞이는 경우가 많았다. 활동 후반에는 분류의 의미가 없어지는 경향이 있어, 다음 활동 계획을 할 때 개선의 필요성을 느꼈다.

자기성찰지능 활동. 숲의 고마움을 기억해요

행복한 유치원

♠ **자기성찰지능 목표:**

○ 우리에게 이로움을 주는 숲을 사랑하는 마음을 갖는다.

♠ **6차 유치원 교육 과정에서의 관련 요소**

사회생활	사회 현상과 환경	환경 보전에 관심 가지기	아름다운 환경의 소중함을 안다.

♠ **7차 유치원 교육 과정에서의 관련 요소**

탐구생활	과학적 기초 능력 기르기	생명체와 자연 환경 소중하게 여기기	생명체가 살아가기에 좋은 환경에 대해 알아본다.

♠ **숲 속 장소(지명):** 숲 속에서 모여 앉을 만한 곳

♠ **활동 자료**

○ 유치원에서 가져가야 할 것: 숲 사진 자료, 숲이 주는 것에 대한 그림 자료, 그림.

○ 숲에서 구해야 할 것: 숲에서 얻은 나뭇잎 등등

♠ **활동 시간:** 20분

♠ **활동 방법:**

○ 숲에 다녀온 경험을 이야기하고 좋았던 점을 이야기 나눠 본다.

○ 숲이 우리에게 주는 이로운 점을 알아본다.

○ 숲에 대한 고마움을 느끼고 좋은 점을 기록해 본다.

교사: 세심천에 가서 어떤 점이 좋았니?

유아: 맑은 공기를 마셨어요. / 다람쥐도 보았어요.

교사: 너희들이 숲에 가서 좋았던 점 외에 숲이 우리에게 주는 이로운 점은 또 무엇이 있을까?

유아: 맑은 공기를 만들어 줘요. / 숲 속 동물들이 살 수 있도록 해 줘요. / 맛있는 열매를 줘요.

교사: 숲에 우리에게 해 주는 좋은 점은 이렇게 많은 것들이 있어.
우리에게 도움을 주는 고마운 숲을 아끼고 많이 사랑해야겠지?
우리가 이야기했던 숲의 좋은 점을 이번에는 활동지에 적어 보자.

♠ 유의점:

○ 교사가 일방적으로 숲의 이로운 점이나 할 수 있는 일을 알려주기보다는 유아들이 숲에 가서 느꼈던 점을 충분히 이야기 나눠 보고 유아들의 의견을 듣고 서로 나눠 볼 수 있도록 한다.

♠ 소감

○ 교사: 나무에 열린 열매를 직접 따 보며 나무의 고마움을 이야기했으면 하는, 경험을 해 보았으면 하는 아쉬움이 생긴다.

자기성찰지능 활동. 여름 나무 관찰하기

고하슬기 유치원

♠ 자기성찰지능 활동 목표:

○ 봄과 지금의 내 모습의 변화를 비교해 본다.

○ 봄과 지금의 나무의 변화를 비교해 본다.

♠ 6차 유치원 교육 과정에서의 관련 요소

건강 생활	감각 및 신체 인식	감각 기관을 활용하기	여러 가지 감각 기관을 활용해 본다.
사회생활	개인 생활	나에 대해 긍정적으로 생각하기	내가 할 수 있는 일을 알아본다.

♠ 7차 유치원 교육 과정에서의 관련 요소

건강 생활	나의 몸 인식하기	감각 기관을 활용하기	여러 가지 감각 기관을 협응하여 활동한다.
사회생활	나를 알고 사랑하기	나의 일 스스로 하기	내가 할 수 있는 일을 스스로 한다.

♠ 준비물:

○ 유치원에서 가져가야 할 것: 봄에 촬영한 단체 사진, 교실 나무 사진, 물감, 도화지, 크레파스.

♠ 준비 사항: 사전 답사를 통해 나무를 미리 확인해 둔다.

♠ 숲 속 장소(지명): 사패산

♠ 대상 연령: 만 3세

♠ 활동 방법:
○ 봄에 찍은 기쁜반 친구들 사진과 기쁜반 나무를 보며 이야기 나누기

┃ 〈사진 1〉

교사: 이 사진들은 봄에 찍은 건데, 지금의 모습과 어떻게 달라요?

유아: 옷이요. 옷이 틀려요. ○○는 머리 묶었어요. ○○는 머리가 이상해요.

교사: 머리 모양이 달라진 친구들이 있지요? 그리고 우리 친구들 저번에 몸무게랑
키 쟀을 때 보니까 키랑 몸무게도 늘어났어요. 많이 자랐지요?

교사: 봄에 보았던 교실 나무의 모습은 어땠나요? 4월 달에 그렸던 그림을 살펴볼
까요?

유아: 컸어요! 나무도 많았어요! 나뭇잎이 없었어요!!

교사: 지금 날씨가 어떤가요?

유아: 더워요, 땀 나요!!

교사: 이렇게 더운 날씨에는 나무가 어떻게 변했을까요?

유아: 나뭇잎이 많아요! 여기 앞에 나무도 커졌어요!!

교사: 오늘 '기쁜반 나무'를 보러 가자. 얼마큼, 어떻게 변했는지 자세히 관찰하고 오자.

○ ‘기쁜반 나무’ 변화 관찰하기

▌〈사진 2〉

교사: 기쁜반 나무가 어떻게 변했나요?
유아: 나뭇잎이 많아 졌어요! 다~ 초록색이다!
교사: 다른 나무들도 보세요. 어떠한가요?
유아: 다른 나무도 나뭇잎이 많아요!
교사: 왜 잎들이 많아졌을까요?
유아: 햇빛이 많아서요! 더워서요~!
교사: 나무의 결도 관찰해 보도록 해요.

○ 활동을 회상하며 이야기 나눈다.

교사: 우리가 산에 가기 전에 ‘기쁜반 나무’가 어떻게 변했을 것이라고 생각했나요?
유아: 나뭇잎이 많~아요!
교사: 정말 나뭇잎이 많아졌나요?
유아: 네~ 엄청 많았어요!
교사: 왜 많아졌을까요?
유아: 햇빛을 좋아해서요~! 따뜻해서요~!
교사: 그래요, 다른 나무들은 어땠죠?
유아: 나뭇잎이 많았어요! 이렇~게 커졌어요!

o 우리 반 나무 사진(4월에 활동한)을 지속적으로 게시해 두어 유아들이 볼 수
  있도록 한다.

♠사후 활동

o 여름 나무 꾸미기

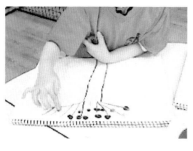 

〈사진 3〉   〈사진 4〉

교사: 우리가 본 나무를 꾸미는 활동을 해 볼까요?
교사: 이 종이에 크레파스로 나무와 나뭇가지를 그리고, 내가 그린 나무에 손에 초
     록색 물감을 찍어 나만의 여름 나무를 만들어 보기로 해요.

♠소감

o 교사: 만 3세 유아들이라 키와 몸무게의 숫자 비교하기가 어려워 봄에 비해
       성장했음을 알려주는 데 곤란함이 있었다. 봄에 찍은 사진을 보면서 유
       아들이 매우 큰 흥미를 나타냈고 즐거워하였다.

인간친화지능 활동. 친구들과 함께 게임을 해요

♠ 인간친화지능 목표:

○ 친구들과 함께 직접 숲에 가서 숲의 모습을 보며 자연을 느껴 볼 수 있다.

○ 숲 속에서 친구들과 가위, 바위, 보 게임을 한다.

♠ 6차 유치원 교육 과정에서의 관련 요소

표현 생활	감상	자연과 사물 및 조형 작품 감상하기	자연과 사물의 아름다움을 느낀다.

♠ 7차 유치원 교육 과정에서의 관련 요소

표현 생활	감상하기	아름다움 느끼기	다양한 음악, 춤, 조형물, 극놀이 등을 감상하고 생각과 느낌을 나눈다.

♠ 숲 속 장소(지명): 세심천 공원(도봉구)

♠ 활동 자료

○ 유치원에서 가져가야 할 것: 카메라

○ 숲에서 구해야 할 것: 나뭇잎

♠ 활동 시간: 30분

♠ 활동 방법:

○ 유아들과 직접 숲 속에 가 본다.

교사: 세심천에 오면 무엇이 가장 많이 보이니?
유아: 나무요, 나뭇잎이요, 나뭇가지요.

○ 숲 속에서 직접 숲을 느끼며 자연물을 이용해 게임을 한다.

교사: 온갖 자연물이 가득한 숲에서 할 수 있는 게임에는 무엇이 있을까?
유아: 주어진 시간 안에 나뭇잎 많이 주워 오기요, 나뭇가지 멀리 던지기요.
교사: 너희들이 정말 많은 게임을 생각했구나. 그런데 이렇게 이기고 지는 게임 말
고 선생님은 너희들하고 즐겁게 놀이할 수 있는 게임을 해 보려고 해. 준비해
온 넓은 천을 여러 명이 서로 잡고 그 위에 나뭇잎을 많이 올려놓는 거야. 그
리고 천을 친구들이 숫자에 맞춰서 한 번에 잡아당기면 나뭇잎이 위로 튕겨
져 올라가면서 눈처럼 날리겠지? 어떤 나뭇잎이 높이 올라가나 보는 게임이
야. 하고 싶은 친구들끼리 모여서 한번 해 볼까?

○ 친구들과 숲 속에 걸어 보며 자연을 느낀다.

♠ 교사 발문

교사: 우리 친구들 재미있는 동화가 뭐야?
아동: 콩쥐 팥쥐예요.

♠ 유의점:
○ 교사 위주의 경험 이야기보다는 유아 중심적인 활동으로, 되도록 인공물보다
는 자연물로 소리를 만들기도 하면서 활동한다.

♠ 소감
○ 교사: 자연물을 이용한 게임이어서인지 자연스럽게 다양한 게임이 나왔고 그
게임을 너무 즐겁고 신나게 하였다.

2) 숲과 친해지기

숲에서의 활동을 통하여 모든 생물은 소중하다는 것을 알게 되어 연약한 곤충이나 동물을 괴롭히거나 막대기로 휘젓거나 때리는 행위를 하지 않게 된다. 숲과 친해지면 자연에 대한 바람직한 의식이 어릴 적부터 확고히 정립하게 된다. 숲에서의 빈번한 대화와 질문, 그리고 교사가 지참한 식물도감, 동물도감을 통하여 유아들은 식물과 동물의 명칭 정확히 명명할 수 있는 능력을 지니고, 이런 과정을 통해 사물의 연계성과 통일성의 원칙과 기본적인 자연 법칙을 터득하게 된다(Sandhof, 1998).

자연 체험 활동과 놀이를 하면서 자연 환경 속에서 유아가 활동하기에 자연스럽게 숲과 돈독한 우정을 쌓을 수 있다. 유아기 때의 숲과 친해지기 활동은 성년기까지 이어지는 환경 행동을 이끌어내는 데 중요한 시기이다. 이 시기의 교육의 영향은 한 사람의 평생의 가치관을 좌우할 수 있다. 따라서 앞날의 환경 문제를 좌지우지할 아동들의 환경 교육은 가장 교육의 효과를 높일 수 있는 방법인 숲 체험 학습으로 진행되어야 하나 학교 현장에서는 현장 체험 학습 프로그램 부족, 시간, 공간상의 문제로 현장 체험 학습을 실시하지 못하고 있는 실정이다.

숲 체험 위주의 생태 교육을 통해 단순히 생태를 이해하고 지식을 축적하는 것만으로 환경을 이해하고자 한다면 이는 환경 과학이나 환경 공학적인 측면에 머물고 만다. 생태 교육은 생태계에서 실제로 일어나는 현상을 오감으로 체험하면서 생각과 사고의 변화를 꾀하는 것이며, 이를 통해 배운 것을 실제 생활 속에서 실천해 내는 데 그 목적이 있다. 생태계를 이해함으로써 생활양식을 변화시키고, 나아가서는 자연 생태와 더불어 호흡하며, 생명에 대한 올바른 이해를 통해 생명의 존엄성을 배우고 자연스럽게 긍정적인 인성 발달에 이르도록 한다.

현장을 중심으로 실시되는 생태 교육은 전통적인 학습법이나 체험 위주의 교육을 뛰어넘는 창의적 학습이 필요하기 때문에 지도자의 열린 교육법이 무엇보다 중요하다. 현재 우리의 교육은 생물이나 사물 혹은 사건을 분석, 평가하는 것이 목적이라면, 체험 위주의 교육 활동은 오로지 사물과 생물에 대한 외형적인 것을 직접 피부로 경험해 보는 것이다. 그러나 사실상 자연 생태의 의미를 분석하고 평가하는 것에 대한 접근법은 모순이 많다.

분석과 평가를 통해서 밝혀질 수 있는 것은 그 사물에 대한 부분일 뿐이며, 본질을 이해하는 것과는 거리가 멀다. 그 본질에 점점 가까이 접근하기 위해서는 사물을 직접 체험하고, 자신의 생활과 사회의 여러 가지 상황을 비교 검토해 보는 교육 활동이 되어야 한다. 이것이 바로 체험 위주의 교육 활동이며 체험 위주의 숲 활동을 통하여 숲과 친해질 수 있다.

숲에서 활동에서 여러 가지 문제 상황을 경험하며 문제에 직면하게 된다. 이때에 숲을 멀리하기보다는 그 문제를 숲에서 해결하는 방법을 찾는다.

예를 들어 숲에서 흙 놀이를 하다가 손이 더러워졌을 때 수돗가를 찾거나, 그 놀이를 중단하기보다는 시냇가를 찾는 등 나름대로의 방법을 강구하는 것이다. 더불어 나만의 공간이 없다면 주변의 나뭇가지를 이용하여 공간을 직접 만들며 숲에 다가가는 방안을 모색해 볼 수 있을 것이다.

유아들이 숲에서 부딪히는 여러 문제 상황들을 바르게 인식하여 다양하고 창의적인 해결 방안을 모색하여 즐거움을 느끼는 것이 숲에 다가가기의 참모습이다.

언어지능 활동. 나뭇잎 이름 짓기

새동 유치원, 노벨 유치원

♠ 언어지능 활동 목표:

○ 숲 속에서 볼 수 있는 나뭇잎의 서로 다른 모양을 발견함으로써 나뭇잎의 이름을 창의적으로 지어 볼 수 있다.
○ 타인의 다양한 언어를 들음으로써 언어의 의미에 대한 감수성을 기를 수 있다.
○ 자신의 느낌이나 생각을 말로 표현할 수 있다.

♠ 6차 유치원 교육 과정에서의 관련 요소

표현 생활	표현	여러 가지 소리 만들기	여러 가지 재료를 이용하여 다양한 소리를 만들어 본다.
언어생활	말하기	경험, 생각, 느낌 말하기	경험한 것, 생각한 것, 느낀 것에 대해 나름대로 말한다.

♠ 7차 유치원 교육 과정에서의 관련 요소

표현 생활	예술적 표현 즐기기	음악으로 표현하기	신체나 리듬 악기를 사용하여 간단한 리듬 패턴을 만들어 본다.
언어생활	말하기	생각과 느낌 말하기	자신의 느낌을 적절한 어휘를 사용하여 말한다.

♠ 숲 속 장소(지명): 메마르지 않은 나무가 있는 곳(앵봉산)

♠ 활동 자료

○ 유치원에서 가져가야 할 것: 종이, 연필.

○ 숲에서 구해야 할 것: 서로 다른 모양의 나뭇잎

♠ **활동 시간:** 5분

♠ **활동 방법:**
○ 숲 속에서 여러 가지 모양의 나뭇잎을 모은다.
○ 숲 속에서 발견한 여러 가지 나뭇잎의 모양과 색깔에 대해 이야기를 나눈다.

교사: 여기에 우리들이 숲에서 찾은 나뭇잎이 있어. 이 나뭇잎은 무엇의 모양과 비
    슷하니?
유아: 칼(하트, 손바닥......) 모양 같아요.
교사: 나뭇잎의 색깔은 어떠니?
유아: 주황색이랑 초록색(갈색, 연두색......)이 섞여 있어요.

○ 숲 속에서 발견한 나뭇잎의 특징(모양과 색깔)으로 나뭇잎의 이름을 지어 본다.

교사: 우리들이 모아 온 나뭇잎에 어떤 이름을 지어 줄 수 있을까?
유아: 뾰족한 모양이니까 '뾰족이(가시 달걀 나뭇잎, 다람쥐 똥 나뭇잎......)'라고 하
    면 좋겠어요.

○ 다른 유아들이 지은 나뭇잎의 이름 중에 제일 재미있었던 이름에 대해 이야기
  를 나눈다.

교사: 너희들이 이야기했던 나뭇잎의 이름 중에 어떤 이름이 재미있었니?
유아: 꾸르륵 나뭇잎이요. 나뭇잎이 떨어질 때 꾸르륵 소리가 날 것 같아서요.
교사: 나뭇잎을 보며 더 재미있고, 나뭇잎과 어울리는 이름을 생각해서 지어 보자.

♠ 교사 발문

교사: 우리 친구들 재미있는 동화가 뭐야?
아동: 콩쥐 팥쥐예요.

♠ 유의점:

○ 다양한 표현이 나올 수 있도록 사전준비를 할 때, 여러 가지 모양과 색을 가
  진 나뭇잎을 모을 수 있도록 한다.
○ 유아들이 지은 나뭇잎의 이름을 적어 놓아, 사후 활동에 활용할 수 있도록 한다.

♠ 활동사진

♠ 확장 활동 1

○ 활동명: 나뭇잎 책 만들기
○ 준비물: 나뭇잎, 셀로판테이프, 연필, 색연필, 나뭇잎을 붙일 수 있는 나무 모
         양의 종이 책.
○ 활동방법: 숲 속에서 발견한 나뭇잎을 종이 책에 붙인다.
           붙인 나뭇잎의 이름을 예상하여 적는다.
           나뭇잎을 보고 연상되는 것을 덧그린다.

♠ **확장 활동 2**

○ 활동명: 나뭇잎의 이름을 이용한 동시 짓기

○ 준비물: 연필, 나뭇잎과 유아들이 지은 나뭇잎 이름을 알 수 있는 종이, 동시
　　　　　를 적을 수 있는 종이.

○ 활동 내용: 유아들이 지은 나뭇잎의 이름을 회상한다.
　　　　　　이름이 만들어진 이야기를 생각하며 동시를 지어 본다.

○ 참고: Ⅰ수준>하나의 동시를 짓거나 짧은 글짓기로 활동 가능
　　　　Ⅱ수준>나뭇잎의 이름을 이용한 동화도 가능

♠ **교사 소감**

○ 유아들은 나뭇잎의 모양과 색을 관찰하고 이에 맞는 언어적 표현을 시도하였
　으나, 그 표현이 다소 제한적이었다(이름의 어미는 대부분 '이'로 표현되는 경
　우가 많음). 우리의 언어의 아름다움과 표현의 다양함을 느낄 수 있는 사전활
　동이 충분히 이루어져야 하겠다.

언어지능 활동. 우리 반 나무 편지 쓰기

자연 유치원

♠ 언어지능 활동 목표:

○ 우리 반 나무에게 편지를 써 보면서 편지글 형식을 안다.

○ 자신의 생각을 말로 표현한다.

♠ 6차 유치원 교육 과정에서의 관련 요소

표현 생활	표현	만들기와 꾸미기	여러 가지 재료와 도구를 활용하여 자유롭게 만들고 꾸며 본다.
언어생활	읽기 · 쓰기에 관심 가지기	쓰기에 관심 가지기	그림이나 친숙한 글자 등과 같은 다양한 형태를 이용하여 자신의 생각을 표현해 본다.

♠ 7차 유치원 교육 과정에서의 관련 요소

표현 생활	예술적 표현 즐기기	조형 활동으로 표현하기	협동적인 조형 활동을 통해 생각과 느낌을 표현한다.
언어생활	쓰기	쓰기에 관심 가지기	자신의 생각과 느낌을 그림으로 나타내거나 긁적거리기를 즐긴다.

♠ 숲 속 장소(지명): 수락산 등산로

♠ 활동 자료

○ 유치원에서 가져가야 할 것: 종이, 색연필, 색종이, 빵 끈, 연필 등.

○ 숲에서 구해야 할 것: 나무 정하기

♠ 활동 시간: 40분

♠ 활동 방법:
○ 유아들과 함께 정한 우리 반 나무에 대해 이야기 나눈다.
○ 교실에서 편지지를 꾸며 본다.
○ 우리 반 나무가 있는 숲으로 이동한다.
○ 나무에게 하고 싶은 말을 편지지에 쓴다.
○ 완성된 편지를 유아들과 함께 읽어 보고 직접 우리 반 나무에 걸어 본다.

♠ 교사 발문

　교사: 우리 반 나무에게 어떤 말을 해 주고 싶니?
　아동: 나무야, 아프지 말고 건강해라!

♠ 유의점:
○ 유아들이 충분히 자신의 생각을 표현할 수 있는 시간을 준다.
○ 나무에 편지를 걸 때 나뭇가지에 긁히지 않도록 주의한다.

♠ 확장 활동
○ 꽃이나 식물을 정하여 가꾸고 편지 써 보기

♠ 사후 활동
○ 우리 반 나무 관찰 계획하기

♠ 활동 장면, 결과물(유아들 결과물, 활동 장면 사진)

① 활동하는 장면(활동 관련 사진)

♠ 소감

○ 교사: 숲에서 쉽게 지나치던 나무에 대해 세밀하게 관찰할 수 있는 계기가 되었다.

○ 아동: 우리 반 나무가 생겼으니까 유리가 매일 보살펴 줄 거야.

논리수학지능 활동. 나뭇잎 크기를 비교해요

행복한 유치원

♠ **논리수학지능 활동 목표:**

○ 크기를 비교하며 크고 작음을 알 수 있다.

○ 나뭇잎의 종류와 크기가 다양함을 안다.

♠ **6차 유치원 교육 과정에서의 관련 요소**

표현 생활	탐색	형태 탐색하기	자연과 주위 환경에 있는 조형적 형태에 관심을 가진다.
탐구 생활	수학적 탐구	분류하기와 순서 짓기	한 가지 준거로 사물을 분류한다.

♠ **7차 유치원 교육 과정에서의 관련 요소**

표현 생활	자연과 생활에서 아름다움 찾아보기	소리, 움직임, 조형물에 관심 가지기	자연과 주변 환경의 소리, 음악, 움직임, 조형물에 관심을 가진다.
탐구 생활	기초 능력 기르기	자료 정리 및 결과 나타내기	한 가지 기준에 따라 자료를 분류하고 설명한다.

♠ **숲 속 장소(지명): 세심천 공원(도봉구)**

♠ **활동 자료**

○ 유치원에서 가져가야 할 것: 활동지, 나뭇잎, 셀로판테이프.

○ 숲에서 구해야 할 것: 나뭇잎

♠ 활동 시간: 20분

♠ 활동 방법:
○ 유아들과 실외 활동 시 주워 온 나뭇잎을 관찰한다.
○ 크기가 큰 것과 작은 것을 찾아본다.
○ 활동지에 내가 찾은 나뭇잎 중 가장 큰 것과 가장 작은 것을 붙인다.

교사: 내가 주워 온 나뭇잎은 서로 같니?
유아: 달라요. / 큰 것도 있고 작은 것도 있어요. / 은행잎하고 단풍잎이에요.
교사: 너희들이 주워 온 서로 다른 나뭇잎을 어떻게 비교하면 좋을까?
유아: 색깔이요. / 모양이요. / 크기요.
교사: 여러 방법으로 나뭇잎들을 비교할 수 있구나. 선생님하고는 너희들이 주워 온
      나뭇잎 중에 제일 작은 나뭇잎과 제일 큰 나뭇잎을 찾아서 비교해 보자.
유아: 똑같은 나뭇잎인데 크기가 달라요. / 제일 작은 것은 은행잎이고 제일 큰 나뭇
잎은 도토리 나뭇잎이에요.
교사: 활동지에 내가 찾은 제일 큰 나뭇잎과 제일 작은 나뭇잎을 붙이고 두 개의
      나뭇잎을 비교해서 차이점을 적어 보자.
유아: 크고 작아요. / 색이 서로 달라요. / 모양도 서로 달라요.

♠ 유의점:
○ 교사가 선택하기보다는 유아들이 직접 주운 나뭇잎을 관찰하고 비교하며 크기
  를 분류할 수 있도록 한다.

♠ 소감
○ 교사: 떨어져 있던 것을 주워 왔기에 오래된 나뭇잎은 종이에 부착할 때 어려
        웠다.

논리수학지능 활동. 나무 둘레 재어 보기

샘동 유치원, 무지개 유치원

♠ 논리수학지능 활동 목표:

○ 숲 속의 나무를 탐색함으로써 나무에 관심을 가진다.

○ 수집한 자료를 정리하여 그림이나 도표로 나타냄으로써 수학적으로 사고할 수 있다.

○ 나무 기둥과 내 몸을 비교해 본다.

♠ 6차 유아 교육 과정에서의 관련 요소

언어생활	말하기	경험, 생각, 느낌 말하기	경험한 것, 생각한 것, 느낀 것에 대해 나름대로 말한다.
탐구 생활	창의적 탐구	주변 상황에 관심을 가지고 탐색하기	주변의 사물과 사건에 관심을 가지고 탐색해 본다.
	수학적 탐구	기초적인 통계와 관련된 경험하기	임의 단위를 사용하여 여러 가지 사물의 길이, 넓이 등을 측정해 본다.
		분류하기와 순서 짓기	한 가지 준거로 사물을 모아 본다.

♠ 7차 유아 교육 과정에서의 관련 요소

언어생활	말하기	경험, 생각, 느낌 말하기	경험한 것, 생각한 것, 느낀 것에 대해 나름대로 말한다.
탐구 생활	탐구하는 태도 기르기	사물과 현상에 지속적인 관심 가지기	생활 주변의 사물과 현상에 대해 호기심을 가진다.
	수학적 기초능력 기르기	기초적인 것을 측정해 보기	임의 측정 단위를 사용해서 길이, 들이 등의 측정 경험을 한다.
		자료 정리 및 결과 나타내기	기준에 따라 자료를 분류하고 설명한다.

♠ 숲 속 장소(지명):

나무가 많은 숲(앵봉산), 수락산.

♠ 활동 자료

○ 유치원에서 가져가야 할 것: 종이, 연필, 줄자, 가위.

○ 숲에서 구해야 할 것: 여러 종류의 나무

♠ 활동 시간: 10분

♠ 활동 방법:

○ 숲에 있는 나무의 종류, 모양 등에 대해 이야기한다.

교사: 숲에는 어떤 종류의 나무들이 있니?
유아: 은행나무요(밤나무, 소나무, 단풍나무......).
교사: 나무들의 모습은 어떠니?
유아: 키가 커요(뚱뚱해요. 작아요).

○ 여러 종류의 나무 중 내 나무를 한 그루씩 정한 후, 줄자를 이용하여 나무의
  굵기를 재어 본다.

교사: 나무의 굵기를 재어 보니 어떠니?
유아: 내 나무는 아주 뚱뚱해요, 내 나무는 아주 날씬해요.
교사: 산에 있는 나무들의 굵기가 모두 어떠한 것 같니?
유아: 굵은 나무도 있고, 가느다란 나무도 있고 모두 달라요.

○ 내 나무의 굵기를 재어 본 느낌을 이야기해 본다.

교사: 너희가 정한 나무의 굵기를 재어 보니 어떤 느낌이 드니?

유아: 나무가 너무 뚱뚱해서 꼭 코끼리 다리 같았어요.

    내 나무는 날씬해서 내가 꼭 안을 수 있었어요.

○ 나무둘레를 재는 여러 가지 방법에 관한 이야기를 나눈다.

교사: 우리 친구들이 가슴둘레를 잴 때 어떤 방법을 써서 잴까요?

유아: 자요, 줄자요.

교사: 그럼 누가 나와서 가슴둘레를 재어 볼까요?

    (2~3명의 유아를 나오게 하여 가슴둘레를 재고 칠판에 쓴다) 숫자가 서로
    어때요?

유아: 달라요, ○○가 제일 커요.(숫자)

교사: ○○가 가장 두껍구나. 그럼 누가 가장 가슴둘레가 얇은가요?

    자 오늘은 우리가 가슴둘레를 잰 것처럼 나무의 둘레도 재어 볼 건데 줄자
    말고 둘레를 잴 수 있는 방법이 무엇이 있을까요?

유아: 손으로 재어 봐요, 그냥 눈으로 봐요, 안아 봐요. 끈으로 재어 봐요.

교사: 와, 생각들이 다양하구나. 그래 우리 그럼 숲에 가면 팔로 안아 보기도 하고,
    끈으로 재어 보기도 하자.

○ 털실로 나무둘레 재기

교사: 나무를 안아 보자. 내 팔 안에 나무를 안을 수 있을까요?

유아: 내 팔로 다 안을 수 있어요, 우리 나무는 팔이 안 닿아요.

교사: 어떤 나무의 둘레를 재어 볼까요? 가장 두꺼워 보이는 나무가 어떤 거지요?

유아: 이거요!

교사: 그럼 이제 나무의 둘레를 재어 볼 건데, 여기 테이프와 실, 가위가 있어요.
　　　이것을 사용해서 어떻게 나무 둘레를 잴 수 있을까?

유아: 테이프를 나무에 붙여 봐요, 실을 붙여요.

유아: 야! 여기 밤 있다! 선생님 밤 있어요!

○ 몇 명의 유아들이 바닥에 떨어진 밤송이를 보고 신기해하며 찾으러 다니자(다
　　른 교사와 함께 다니며 유아들이 다양하게 수집할 수 있도록 함), 많은 유아
　　들이 흩어져 활동을 진행하기가 어려워 적극적으로 참여하는 몇 명의 유아와
　　활동을 계속할 수 있었다.

교사: 우와 이건 정말 길다. 선생님 저것도 해 봐요.

○ 활동을 회상하며 이야기 나눈다.

교사: 어떤 나무 둘레가 가장 두꺼웠어요?

교사: 어떤 나무 둘레가 가장 얇았어요?

교사: 길이를 다시 한 번 비교해 본다.

♠ 유의점:

○ 여러 종류의 나무들을 충분히 탐색하게 하며 사전에 줄자를 사용하는 방법에
　　대해 이야기한다.

♠ 확장 활동

○ 활동명: 우리 가족 허리둘레 재어 보기
○ 준비물: 가족사진, 연필, 줄자.
○ 활동방법: 줄자를 이용해서 가족들의 허리둘레를 재어 본 후 사진 밑에 나무
　　　　　의 둘레를 기록해 본다.

우리 가족 중 허리둘레가 가장 굵은 사람은?
우리 가족 중 허리둘레가 가장 가느다란 사람은?

♠ 사후 활동

○ 활동명: 우리 교실에 있는 물건 중 가장 뚱뚱한 물건 찾기
○ 준비물: 줄자, 종이, 테이프.
○ 활동방법: 교실에 있는 여러 종류의 물건의 둘레를 재어 본다.
　　(ex. 책상다리, 풀, 색연필, 물통 등.)
○ 종이 위에 둘레를 재어 본 물건들을 사진이나 그림으로 나타낸다.
○ 물건의 둘레만큼의 길이를 사진이나 그림 위에 표시한다.

어떤 물건이 가장 굵니?
어떤 물건이 가장 가늘까?

○ 가장 굵은 물건부터 가느다란 순서로 나열해 본다.

○ 나무의 몸과 나의 몸 <사진 4>

○ 코팅지에 털실을 붙이고 아이들과 함께 몸에 둘러본 후 자신의 몸과 나무의 몸을 비교해 보는 활동을 진행하였다.

교사: 길이가 긴 모둠 털실을 먼저 둘러보자. 어때요?
유아: 남아요, 나보다 커요.
교사: 길이가 짧은 모둠 털실을 둘러보자. 어때요?
유아: 안 들어가요, 작아요.

♠ 활동 장면, 결과물(유아들 결과물, 활동 장면 사진).
○ 활동하는 장면(활동 관련 사진)

♠ 소감

○ 교사1: 자연 속에 있는 많은 나무들의 모습을 관찰하고, 그 나무의 둘레를 두 팔로, 줄자로 재어 봄으로써 주변 물체에 따라 굵기가 다르다는 것을 체험할 수 있었다. 또 유아들은 자연스럽게 '굵다 / 가늘다', '길다 / 짧다'의 개념도 이해할 수 있었다. 활동 전에는 유아들과 줄자의 사용법에 대해 충분한 탐색과 협의가 이루어져야 할 것이다.

○ 교사2: 실로 나무기둥의 둘레를 재는 과정이 유아들에게 좀 어려웠던 것 같다. 좀 더 두꺼운 리본 테이프를 준비하였으면 묶고 펜으로 표시하기도 쉬웠을 것이다.

사후 활동으로 진행했던 '나무의 몸과 나의 몸' 활동에는 유아들이 매우 즐겨 참여하였으며, 유아들끼리 계속 서로 재어 보며 비교하는 활동을 지속하는 것을 볼 수 있었다.

논리수학지능 활동. 나뭇잎 재기

계명 유치원

♠ 논리수학지능 활동 목표:

○ 도구를 사용하여 나무의 둘레를 측정하고 비교한다.

♠ 6차 유치원 교육 과정에서의 관련 요소

탐구 생활	수학적 탐구	기초적인 측정과 관련된 경험하기	두 개의 물체를 길이나 높이, 크기 등에 따라 비교해 본다.

♠ 7차 유치원 교육 과정에서의 관련 요소

탐구 생활	수학적 기초 능력 기르기	기초적인 측정해 보기	두 물체를 길이나 크기를 비교하고 말한다.

♠ 숲 속 장소(지명): 기관 뒷동산

♠ 활동 자료

○ 유치원에서 가져가야 할 것: 식물도감, 사진자료, 여러 가지 자, 줄자.

○ 숲에서 구해야 할 것:

♠ 활동 시간: 1시간

♠ 활동 방법:

<나무에 대해 알아보기>

○ 오늘 이야기 나누기 주제를 소개한다.
○ 유아 개인별로 원하는 나무를 선택하여 사전에 준비한 '식물도감'을 참고로
  하여 이야기 나눈다.

  교사: 오늘 안산 산책을 하면서 여러 종류의 나무를 관찰해 볼 거예요.
  교사: 이 나무의 이름은 무엇인가요? 어떤 특징이 있나요? 나무의 둘레는 얼마나 될
       까요? 어떤 방법으로 재어 볼 수 있을까요?

○ 산책로에 있는 나무들을 관찰해 본다.

<나무 둘레 재기>
○ 안산 산책로를 따라 이동한다.
○ 유아가 선택한 잎을 다양한 방법으로 재어 본다.
  (손 / 팔 / 발로 재어 봐요, 나뭇잎 / 나뭇가지 / 돌 등으로 재어 봐요.)
○ 유아가 선택한 나뭇잎의 둘레를 재어 관찰일지에 기록한 뒤 다른 나무의 잎들
  과 비교한다.

  교사: 어떤 나뭇잎이 더 커 보이나요?

♠ 유의점:
○ 교사 위주의 경험 이야기보다는 유아 중심적인 활동으로, 되도록 인공물보다
  는 자연물로 소리를 만들기도 하면서 활동한다.

♠ 소감
○ 교사: 측정 도구의 종류에 따라 달라지는 유아들의 다양한 반응을 알 수 있었다.
○ 아동: 나뭇잎이 컸어요.

논리수학지능 활동. 나무 키 재기

자연 유치원

♠ **논리수학지능 활동 목표:**

○ 나무에 대해 궁금한 점에 대해 이야기 나누고, 궁금했던 점을 해소한다.

○ 나무의 키를 잴 수 있는 방법을 탐색한다.

○ 나무의 키를 잰다.

♠ **6차 유치원 교육 과정에서의 관련 요소**

탐구 생활	수학적 탐구	기초적인 특정과 관련된 경험하기	일상생활에서 사용되는 수에 관심을 가진다.

♠ **7차 유치원 교육 과정에서의 관련 요소**

탐구 생활	기초 능력 기르기	기초적인 것을 측정해 보기	임의 측정 단위를 사용해서 길이, 들이 등의 측정 경험을 한다.

♠ **숲 속 장소(지명):** 유치원 뒷산에 있는 "우리 반 나무"

♠ **활동 자료**

○ 유치원에서 가져가야 할 것: 어린이들이 만든 요구르트 자(요구르트를 붙여 만든 자)

♠ **활동 시간:** 약 10분 소요

♠ **활동 방법:**

○ 나무의 키를 잴 수 있는 방법에 대해 이야기 나눈다(사전 토론).

교사: 친구들이 나무에 대해 궁금한 점들 중에 커다란 나무의 키가 제일 궁금하다고 뽑았는데 우리가 어떻게 우리보다 큰 나무의 키를 잴 수 있을까요?

교사: 우리 친구들이 나무의 키를 잴 수 있는 방법에 대해 이야기해 주세요!

유아: 우리 친구들이 나무와 키를 똑같이 만들면 돼요. 친구 위에 친구를 올리고 또 그 위에 친구들을 올리고 해서요.

유아: 그러다가 위로 올라간 친구들이 떨어지면 어떡해? 그건 안 돼!

유아: 그럼 소방관 아저씨들이 사용하는 사다리차를 가지고 와서 재면 될 것 같아.

유아: 사다리차를 빌려 올 수 있는 친구가 없잖아! 안 돼!

유아: 줄자를 사용하면 정확한 나무의 키를 잴 수 있어. 줄자를 사용하자.

유아: 줄자를 이용해서 나무의 키를 재려면 누군가 나무 위까지 줄자를 가지고 올라가야 하는데 너무 위험해. 그것도 안 돼.

유아: 그럼, 우리 조형영역에 많은 요구르트를 붙여 자로 만들자. 나무의 크기만큼 자를 이어 붙이고, 나무의 키만큼 요구르트를 붙이고 나서 그 요구르트 자의 키를 재면 나무의 키를 알 수 있잖아.

유아: 그게 좋은 방법인 것 같아. 그렇게 해 보자!

○ 나무 키를 잴 수 있는 '요구르트 자' 만든다.

○ 조형영역에 모아 두었던 요구르트를 본드와 테이프를 이용해서 길게 만든다.

○ 숲 속 활동-햇살반 나무(은행나무)에 모여 우리들이 만든 요구르트 병 자로 나무의 키를 잴 수 있을지 이야기해 본다.

○ 요구르트 병 자로 나무의 키를 잰다(요구르트 병을 더 붙이거나 빼서 나무와 키를 맞춘다).

○ 요구르트 병으로 나무와 키를 맞춘 뒤에 요구르트 병의 키를 재어 나무의 키를 알아본다.

○ 우리가 생각해 낸 방법으로 나무의 키를 잰 소감을 이야기 나눈다.

♠ 유의점:

○ 나무에 대해 궁금한 점에 대해 토의할 때 아이들이 자신의 의견을 충분히 표

현할 수 있도록 기회를 준다. 아이들이 이야기한 의견이 다소 현실적이지 않더라도 격려해 주고 칭찬해 주어 현실 가능성이 있는 방법으로 이끈다.

♠ 확장 활동
우리 반 나무가 아닌 다른 나무의 키를 재어 본다.

♠ 사후 활동
나무의 키를 재기 위해 만든 '요구르트 자'를 이용하여 '기차놀이'를 해 본다

♠ 활동 장면, 결과물(유아들 결과물, 활동 장면 사진).
① 활동하는 장면(활동 관련 사진)

♠ 소감
○ 교사: 나무에 대해 궁금했던 점들을 알아내기 위해 유아들이 직접 방법을 찾아보고 그 방법으로 활동을 전개하는 과정을 통해 유아들이 궁금했던 점을 해소하는 법을 알게 되었다.

신체운동지능 활동. 숲 산책하기

계명 유치원

♠ **신체운동지능 활동 목표:**

○ 풀싸움 놀이를 통해 놀이 상황에서 식물의 이해를 높인다.

♠ **6차 유치원 교육 과정에서의 관련 요소**

건강 생활	기본 운동 능력	이동 운동하기	공간을 이동하면서, 제시된 조건에 따라 몸을 다양하게 움직인다.

♠ **7차 유치원 교육 과정에서의 관련 요소**

건강 생활	나의 몸 움직이기	이동하며 움직이기	걷기, 달리기, 뛰기 등을 하면서 제시된 조건에 따라 몸을 움직인다.

♠ **숲 속 장소(지명): 안산**

♠ **활동 자료**

○ 유치원에서 가져가야 할 것: 사진, 그림

○ 숲에서 구해야 할 것: 없음

♠ **활동 시간: 50분**

♠ **활동 방법:**

< 숲에서 볼 수 있는 풀들이 있어요 >

○ 이야기 나누기 주제를 소개 후 풀에 대한 아이들의 사전 경험을 들어 본다.

교사: 오늘은 숲 속을 산책하며 여러 종류의 풀들을 살펴볼 거예요. 우리 친구들이 전에 본 적이 있거나 알고 있는 풀들이 있다면 이야기해 볼까요?

○ 그림 자료를 통해 숲 속에서 볼 수 있는 여러 종류의 풀들을 알아본다.
○ 풀의 이름과 특징들을 탐색해 본다.
○ 풀을 이용하여 할 수 있는 재미있는 놀이들을 알아본다.
○ 풀 관찰과 풀싸움 놀이를 위해 이동한다.

< 풀싸움 놀이 >
○ 안산으로 이동하여 산책을 하며 여러 종류의 풀들을 관찰한다.
○ 관찰 후 풀밭으로 흩어져 풀잎을 뜯어 모은다. 어느 정도의 풀잎을 모으면 처음에 정한 장소에 모인다.
○ 맨 처음에 도착했던 유아가 자기가 모아 온 풀잎 중 하나를 골라 "자, 이것은 민들레" 하면 다른 유아들은 민들레를 내놓아야 한다.
○ 이때 뜯어 온 풀 중 민들레가 있는 유아는 한 점을 얻고 민들레가 없는 유아는 한 점을 잃게 된다(다른 풀을 쳐들거나 풀이름을 모르고 잘못 불러도 역시 한 점을 잃게 된다).
○ 처음으로 도착한 유아가 더 이상 부를 풀이 없으면 나머지 유아들 중 뜯어 온 풀의 가짓수가 많은 유아가 다음으로 계속 놀이를 진행한다.

교사: 우리 친구들 재미있는 동화가 뭐야?
아동: 콩쥐 팥쥐예요.

♠ 소감
○ 교사: 컴퓨터, 텔레비전 등의 놀이에 익숙해져 있는 유아들에게 자연물에 대해 관심을 갖고 놀이를 이용해 볼 수 있는 활동들이 되었다.
○ 유아: 풀이름을 많이 맞춰서 기분이 좋았다.

신체운동지능 활동. 보물찾기

고하슬기 유치원

♠ 신체운동지능 활동 목표

○ 숲 속을 걸어 다니며 맑은 공기를 경험한다.

○ 여러 가지 자연물을 관찰하고, 내가 보기에 특별하다고 느껴지는 자연물을 채집해 본다.

♠ 6차 유치원 교육 과정에서의 관련 요소

건강 생활	감각, 운동과 신체 조절	감각을 통해 사물의 차이 식별하기	공간을 이동하면서, 제시된 조건에 따라 몸을 다양하게 움직인다.
표현 생활	표현	다양한 소재를 활용하여 조형 활동하기	다양한 소재를 창의적으로 활용하여 조형 활동을 한다.

♠ 7차 유치원 교육 과정에서의 관련 요소

건강 생활	감각, 운동과 신체 조절	감각을 통해 사물의 차이 식별하기	공간을 이동하면서, 제시된 조건에 따라 몸을 다양하게 움직인다.
표현 생활	예술적 표현 즐기기	조형 활동으로 표현하기	• 조형 활동을 통해 자신의 생각과 느낌을 창의적으로 표현한다. • 조형 활동에 필요한 재료와 도구를 다양하게 사용한다.
탐구 생활	탐구하는 태도 기르기	사물과 현상에 지속적인 관심 가지기	생활 주변의 사물과 현상에 대해 호기심을 가진다.

♠ 숲 속 장소(지명): 수락산

♠ 대상 연령: 만 5세

♠ 준비물: 보물을 담을 개인 봉지, 다양한 그리기 도구, 그림 자료.

♠ 준비 사항: 자연물을 채취할 때 바닥에서 채취하고, 나무나 꽃 등 생물을 훼손하
         지 않도록 미리 정보를 나눈다.

♠ 활동 방법:
○ 수락산에 가서 할 활동에 대해 이야기 나눈다.

교사: 수락산에 가서 나의 보물을 구해 보자. 수락산에서는 무엇을 볼 수 있을까요?
유아: 나무요. 꽃이요. 다람쥐요.
교사: 자연에선 어떤 보물들이 있을까?
유아: 나뭇잎이요. 돌멩이요. 솔방울이요.

○ 숲에서의 일과를 유아들과 정하여 본다.
교사: 수락산에 도착하면 무엇을 먼저 하는 것이 좋을까요?
유아: 간식 먼저 먹고 해요.
교사: 그다음으로는 무엇을 할까요?
유아: 보물 찾아요.
교사: 그래 그럼 간식을 먹고 보물찾기를 하기로 해요.

○ 쓰레기가 썩는 데 걸리는 시간을 알아본다.

교사: 여기 이 물건과 숫자들은 무엇을 나타내는 걸까요?

유아: 나이요.

교사: 이런 것들이 땅속에 들어가면 어떻게 될까요?

유아: 땅이 아파요. 땅이 죽어요.

교사: 이 숫자는 그림의 물건이 땅속에서 썩는 시간을 알려 주고 있어요. 비교해 볼
  까요?

○ 들꽃 감상하기

교사: 우리 길옆으로 무엇이 있나요?

유아: 꽃이에요.

교사: 꽃의 색은 어떤가요?

유아: 하얀색이에요,

교사: 꽃은 어떤 모양인가요?

유아: 작아요. 길쭉해요.

○ 보물찾기

〈사진 3〉

교사: 숲에 와 보니 어떤 보물들이 있나요?
유아: 나뭇잎이요. 솔방울이요.
교사: 지금부터 너희가 소중히 여길 수 있는 보물을 찾아보도록 해요.

○ 보물을 찾다 한 유아가 다람쥐를 발견하였다. "와, 다람쥐다."라며 반 유아들
  이 다람쥐를 따라다닌다.

유아: 다람쥐 있어요. 다람쥐도 보물하면 안 돼요?
교사: 할 수 있지만 가져갈 수 없는데 어떻게 할까요?
유아: 가져갈 수 없어도 보물이라고 해요.

○ 채집해 온 나의 보물을 소개하며 활동을 회상한다.

교사: 내가 채집한 보물은 어떤 것들인가요?
교사: 서로 소개해 보기로 해요.
교사: 왜 자기에게 특별한가요?

♠ 유의점

○ 하나하나 탐색하며 모을 수 있도록 한다.

○ 숲 속의 생물을 훼손하지 않도록 한다.

♠ 사후 활동

* 모빌 만들기

▌〈사진 4〉

교사: 너희가 산에서 모은 보물들을 살펴볼까요? 무엇이 있나요?

유아: 나뭇잎이요. 도토리요. 솔방울이요.

교사: 너희들이 모아 온 재료로 만들기를 할 거예요. 무엇을 만들 수 있을까요?

유아: 강아지요. 사람이요.

교사: 자기가 필요한 재료를 이용하여 만들기를 해 봐요.

♠ 소감

○ 교사: 아이들과 사전에 자연을 훼손하지 않고 숲의 바닥에서 자연물을 채취하기로 하였으나, 몇몇 아이들이 나무의 열매를 따거나 흔드는 경우도 있었다. 그러나 대체적으로 땅을 들추거나 표면에 보이는 것들을 채집하고 활동 자체를 즐거워하였다.

음악지능 활동. '숲 속을 걸어요' 노래를 불러요.

행복한 유치원, 노벨 유치원

♠ 음악지능 활동 목표:

○ 숲 속을 걸을 때의 기분을 느껴 볼 수 있다.

♠ 6차 유치원 교육 과정에서의 관련 요소

표현 생활	표현	노래 부르기	노래를 듣고 따라 부른다.

♠ 7차 유치원 교육 과정에서의 관련 요소

표현 생활	예술적 표현 즐기기	음악으로 표현하기	노래로 자신의 생각과 느낌을 표현한다.

♠ 숲 속 장소(지명): 교실

♠ 활동 자료

○ 유치원에서 가져가야 할 것: 노래판, 마라카스.

○ 숲에서 구해야 할 것:

♠ 활동 시간: 30분

♠ 활동 방법:

○ 숲 속의 모습을 상상하여 본다.

○ 숲 속을 걸을 때의 느낌을 이야기한다.

○ 교사와 함께 노래를 부른다.

○ 마라카스를 이용하여 자신이 흔들고 싶은 구절을 정하여 흔들어 본다.

> 교사: 세심천의 모습이 어땠는지 한번 눈을 감고 생각해 볼까? 나무가 많이 있고 새소리도 들리네. 나무 사이의 길을 내가 걷고 있어. 어떤 느낌이 들까?
>
> 유아: 너무 신날 것 같아요. / 나 혼자 걸으면 다람쥐가 올 것 같아요.
>
> 교사: 숲 속을 걸을 때의 느낌을 노래로 한 번 불러 볼까? 선생님이 준비한 노래를 먼저 들어 보자.
>
> 교사: '숲 속을 걸어요' 노래를 선생님하고 함께 불러 보자.
>
> 교사: 이번에는 선생님이 준비한 마라카스를 너희들이 노래의 한 곳을 정해서 연주하면서 불러 보자.
>
> 교사: 마라카스 외에 여러 준비된 악기를 너희들이 연주하면서 노래를 불러 보자.

♠ **유의점:**

○ 유아들이 신나게 노래를 부를 수 있도록 하며 노래활동 후 직접 유아들과 숲 속을 걸어 본다.

♠ **소감**

○ 교사: 숲 속에 대한 노래를 너무 밝고 경쾌하게 부를 수 있었다. 숲 속의 모습이 머릿속에 나타나는 것 같다고 이야기하는 뜻 깊은 감상 시간이었다.

♠ 기타

숲속을 걸어요
('86 MBC 창작동요제 금상곡)

🍃 풀잎 동요마을

유종슬 요
정연택 곡

1. 숲 속 을 걸 어 요 산 새 들 이 속 삭 이 는 길
2. 숲 속 을 걸 어 요 맑 은 바 람 솔 바 람 이 는

숲 속 을 걸 어 요 꽃 향 기 가 그 - 윽 한 길 햇 님
숲 속 을 걸 어 요 도 랑 물 이 노 래 하 는 길 달 님

도 쉬 었 다 가 는 길 - 다 람 쥐 가 넘 나 드 는 길 정 다
도 쉬 었 다 가 는 길 - 산 노 루 가 넘 나 드 는 길 웃 음

운 얼 굴 로 우 리 모 두 숲 속 을 걸 어 요
띤 얼 굴 로 우 리 모 두 숲 속 을 걸 어 요

음악지능 활동. 악기 만들기

자연 유치원

♠ 음악지능 활동 목표:

○ 여러 가지 소리를 탐색해 보는 경험을 갖는다.

○ 악기 만들기 활동을 통해 소근육을 발달시킨다.

○ 창의적으로 리듬 만들고 표현할 수 있다.

○ 소리의 변별력을 기른다.

♠ 6·7차 유아 교육 과정에서의 관련 요소

건강 생활	나의 몸 인식하기	감각 기관을 활용하기	감각 기관을 협응하여 활동한다.
표현 생활	자연과 생활에서 아름다움 찾아보기	예술적 요소 찾아보기	목소리, 신체, 사물, 악기로 소리의 빠르기, 세기, 리듬 등을 찾아본다.

♠ 숲 속 장소(지명): 수락산 산책길

♠ 활동 자료

○ 유치원에서 가져가야 할 것: 생수병, 여러 가지 자연물, 테이프.

○ 숲에서 구해야 할 것: 소리를 낼 수 있는 자연물

♠ 활동 시간: 30분 소요

♠ 활동 방법:

○ 유아들과 우리가 만들 악기에 대해 이야기 나눈다.

교사: 이 악기는 무엇일까?

교사: 이것은 마라카스라고 하는 악기예요. 그럼, 이 악기에서는 어떤 소리가 날까?

교사: 마라카스를 흔든다. 우리가 오늘 숲에서 만들 악기는 마라카스예요.

교사: 우리가 숲에 있는 어떠한 것들을 이용하면 이러한 소리가 날 수 있을까?

교사: 그럼, 우리 숲 속에서 구할 수 있는 재료를 이용하여 멋진 악기를 만들어 볼까?

○ 유아들과 함께 숲 속에서 흔히 볼 수 있는 돌이나 흙을 이용하여 마라카스를 만든다.

○ 유아들이 만든 마라카스로 소리를 내어 보게 한다.

○ 간단한 노래를 부르며 박자나 리듬에 맞추어 마라카스를 연주해 보도록 한다.

♠ 유의점:

○ 여러 가지 재료를 통한 다양한 소리를 지닌 악기들을 분류해 보고 악기를 연주하는 방법이나 악기 재료를 연결하여 연주해 보는 경험을 가질 수 있도록 해 본다.

♠ 확장 활동

○ 폐품을 이용하여 리듬 악기를 유아 스스로 만들어 보고, 스스로 만든 악기 탐색 '연주하게' 해 본다.

♠ 사후 활동

○ 음률 영역에 악기를 비치해 두고, 선택 시간에 유아들끼리 놀이 경험을 할 수 있도록 환경을 제공한다.

♠ 활동 장면, 결과물(유아들 결과물, 활동 장면 사진).

① 활동하는 장면(활동 관련 사진)

♠ 소감

○ 교사: 유아들과 자연의 소리를 탐색하고 자연을 더욱 가까이 느낄 수 있는 다양한 의견과 생각에 발현되었던 가치 있는 시간이었다.

○ 아동: 나뭇잎으로 소리를 만들고 돌멩이가 악기가 될 수 있어서 매우 재미있고 신기했다.

음악지능 활동. 전래 동요 부르기

♠ 음악지능 활동 목표

○ 흙의 형태와 느낌을 탐색한다.

○ 노래를 부르며 즐겁게 놀이한다.

♠ 유아 교육 과정에서의 관련 요소

사회생활	사회 현상에 관심 가지기	우리나라와 우리 전통 문화에 관심 가지기	전통 문화에 관심을 가진다.
표현 생활	예술적 표현 즐기기	음악으로 표현하기	노래로 자신의 생각과 느낌을 표현한다.

♠ 숲 속 장소(지명): 서울숲

♠ 활동 자료

○ 유치원에서 가져가야 할 것: 전래 동요 "두껍아 두껍아" 노래 테이프, 카세트.

○ 숲에서 구해야 할 것:

♠ 활동 시간: 15분

♠ 활동 방법:

○ 몇몇의 유아가 지난 시간에 배운 노래를 부르며 삼삼오오 흙 놀이를 시작한다.

  교사: 흙을 만져 보니 어떤 느낌이 드니?

○ 흙의 형태, 냄새 등을 탐색해 본 뒤 흙을 이용한 놀이에 대해 이야기 나눈다.

교사: 흙을 이용한 놀이에는 어떤 것이 있을까?
유아1: 흙으로 성을 만들어요.
유아2: 흙 속에 손 넣고 빼기 놀이를 해요.
유아: 선생님 지난 시간에 배운 두껍이 노래도 해요.

○ 전래 동요 "두껍아 두껍아" 노래를 부르며 흙 놀이를 한다.

교사: 흙 놀이를 하니깐 어떤 기분이 들었니?
유아1: 손이 시원해요.
유아2: 흙이 부드러워요.
교사: 노래를 함께 부르면서 놀이하니깐 어떠니?
교사: 전래 동요를 부르면서 흙 놀이를 하니깐 어떠니?
유아: 흙 놀이 하는 데 더 재미있었어요.

♠ 교사 소감

○ 교사: 재미있게 놀이를 하며 자연스럽게 전래 동요와 친숙해지는 시간이 되었다.

♠ 활동관련 사진 혹은 그림 자료:

▌ 두껍아 두껍아 헌 집 줄게……

공간지능 활동. 솔방울 던져 놓기

자연 유치원

♠ **공간지능 활동 목표:**

○ 솔방울 던지기 활동으로 거리감과 공간이 좁고 넓은 것의 차이점을 알 수 있다.

♠ **6·7차 유아 교육 과정에서의 관련 요소**

표현 생활	예술적 표현 즐기기	움직임과 춤으로 표현하기	신체를 이용하여 친숙한 대상의 움직임을 표현한다.
탐구 생활	수학적 기초 능력 기르기	기초적인 것을 측정해 보기	구 물체의 길이와 크기를 비교하고 말한다.

♠ **숲 속 장소(지명): 잔디밭**

♠ **활동 자료**

○ 유치원에서 가져가야 할 것: 여러 크기 상자(바구니), 솔방울.

○ 숲에서 구해야 할 것: 거리와 상자크기에 따라 어떻게 달라지는지 의문점을 가지게 한다.

♠ **활동 시간: 20~30분**

♠ **활동 방법:**

○ 숲에서 솔방울 5개 정도씩 줍는다.

○ 일정한 거리에 상자를 두고 한 사람씩 솔방울은 던져 넣는 놀이를 한다.

○ 여러 크기 상자와 각기 다른 거리에서 던져 보고 왼손으로 던질 때와 오른손

으로 던질 때 차이가 어떠한지 알아본다.

○ 교사: 바구니 크기에 따라 솔방울을 던질 때, 거리에 따라 어떤 것이 다를까?
○ 아동: 바구니가 작을수록 넣기가 힘들 것 같아요. 멀수록 넣기가 어려워요.

♠ 유의점:
○ 신체 균형을 이용한 놀이로 유아의 건강과 균형감 있는 신체 발달을 돕는다.
○ 두 눈을 뜨고 던질 때와 한쪽 눈을 감고 던지며 더욱 즐거운 놀이를 유도한다.

♠ 확장 활동
○ 솔방울을 숲에서 주울 수 없으면 다른 사물을 이용하여 활동을 한다.

♠ 사후 활동
○ 느낌 이야기 나누기

♠ 활동 장면, 결과물(유아들 결과물, 활동 장면 사진).
① 활동하는 장면(활동 관련 사진)

♠ 소감
○ 교사: 바구니 크기와 거리에 따라 골인시키기가 어려웠다.

자연지능 활동. 나무 알고 친해지기

교하슬기 유치원

♠ 자연지능 활동 목표

○ 여러 종류의 나무 그림 자료를 보고 각 나무의 특징을 비교해 본다.

○ 나무를 관찰하고 만지며 나무와 친숙해진다.

○ 나무의 모습을 표현해 본다.

♠ 6차 유치원 교육 과정에서의 관련 요소

사회생활	집단생활	다른 사람을 이해하고 존중하기	나와 다른 사람의 의견에 차이가 있음을 안다.
표현 생활	표현	그림 그리기	여러 가지 재료와 도구를 활용하여 자유롭게 그려 본다.

♠ 7차 유치원 교육 과정에서의 관련 요소

사회생활	이웃과 더불어 생활하기	두레의 소중함 알고 협력하기	친구의 의견을 존중하며 집단 활동에 참여한다.
표현 생활	예술적 표현 즐기기	조형 활동으로 표현하기	· 조형 활동을 통해 자신의 생각과 느낌을 창의적으로 표현한다. · 조형 활동에 필요한 재료와 도구에 관심을 가지고 사용한다.

♠ 준비물: 나무 그림 자료, 모둠 이름표, 카메라.

♠ 준비 사항: 모둠 이름표를 유아들과 함께 준비한다.

♠ 숲 속 장소(지명): 사패산

♠ 대상 연령: 만 4세

♠ 활동 방법:

○ 나무의 종류에 관한 이야기 나누기 <사진 1>

교사: (그림 자료 제시) 이런 나무를 본 적이 있어요?

유아: 나 봤어요. 엄마랑 그때 가다가 엄마가 말해 줬어요.

교사: 이 나무의 이름은 무엇일까요?

유아: 은행나무요. 가로수요. 단풍나무요.

교사: 오늘은 유치원에 있는 뒷산으로 놀러 갈 건데 숲에 가면 무엇을 볼 수 있을까?

유아: 장수풍뎅이요. 사마귀요. 나비요. 나무요. 꽃이요.

교사: 여기 선생님이 모둠 이름표를 준비했는데 숲에 어떤 나무가 있는지 보고 우리
모둠 나무를 정해 보자. 그리고 이름표를 걸어 주고 자세히 살펴보기로 해요.

○ 우리 모둠 나무 정해 보기

교사: 자, 주위를 둘러보자. 어떤 나무가 있어요? 우리가 좀 전에 교실에서 본 나무가 있어요?

유아: 네 저기 있는 나무는요 아까 본거랑 똑같은 거 같아요. 근데 나뭇잎이 없어요.

교사: 왜 나뭇잎이 없을까요?

유아: 아직 안 나왔어요, 쫌 있어야 생겨요.

교사: 딸기 모둠 나무는 기둥의 모양이 어때요?

유아: 막 튀어 나와 있고요, 갈색이랑 검정색이랑 막 있어요.

교사: 포도 모둠 나무는 어때요?

유아: 우리는 가지가 두 개 있어요, 저기 위에 싹도 났어요.

교사: 우리 모둠 나무인지 다음에도 알려면 나무의 어떤 모양을 기억하면 쉽게 알 수 있을까요?

유아: 가지 2개 있는 거요, 이름표 보면 알잖아요.

교사: 만약에 이름표가 없어지면 어떻게 알까요?

유아: 냄새 맡아 보면 알아요. 우리 나무 똥 냄새 난다!

○ 활동을 회상하며 이야기 나눈다.

교사: 숲에서 어떤 활동을 했어요?

교사: 오늘 우리가 모둠 나무를 정해 봤는데, 우리 모둠 나무의 모습이 어땠어요?

교사: 나무의 기둥을 만져 봤을 때 느낌이 어땠어요?

♠ 사후 활동

○ 우리 모둠 나무 관찰하기, 나뭇잎 찍기.

교사: 오늘 '숲에서 놀아요' 시간에 어떤 활동을 했나요?

유아: 나무 찾았어요. 이름표 걸어주고 왔어요. 나무 냄새도 맡았어요. 나 나비도 봤
는데…….

교사: 와 숲에서 정말 많은 것을 보고 듣고 했구나. 우리 모둠 나무의 모습은 어땠
어요?

유아: 키가 커요. 막 울퉁불퉁 거려요. 아직 나뭇잎이 숨었어요.

♠ 소감

○ 교사: 바닥에 나뭇잎은 많았지만 나무가 앙상하여 서로 비슷비슷해서인지 유
아들이 모둠 나무를 선택하는 데 큰 의미를 두기보다는, 나무를 만지고
숲에서 뛰어노는 데 더 즐거워하는 모습이었다.

자연지능 활동. 나무 소리 듣기

샌동 유치원

♠ 자연지능 활동 목표:

○ 나무에서 들리는 소리를 들으며 나무의 소리에 관심을 갖는다.

○ 자신의 느낌이나 생각을 말로 표현한다.

○ 소리에 대한 느낌을 효과적으로 표현할 수 있다.

♠ 6차 유치원 교육 과정에서의 관련 요소

표현 생활	표현	여러 가지 소리 만들기	여러 재료를 이용하여 다양한 소리를 만들어 본다.
언어생활	말하기	경험, 생각, 느낌 말하기	경험한 것, 생각한 것, 느낀 것에 대해 나름대로 말한다.

♠ 7차 유치원 교육 과정에서의 관련 요소

표현 생활	예술적 표현 즐기기	신체나 리듬 악기를 사용해 간단한 리듬 패턴을 만들어 본다.	여러 재료를 이용하여 다양한 소리를 만들어 본다.
언어생활	말하기	움직임과 춤으로 표현하기	자신의 느낌을 적절한 어휘를 사용하여 말한다.

♠ 숲 속 장소(지명): 메마르지 않은 나무가 있는 곳(앵봉산)

♠ 활동 자료

○ 유치원에서 가져가야 할 것: 청진기

○ 숲에서 구해야 할 것: 나무

♠ 활동 시간: 10분

♠ 활동 방법:

○ 숲 속에 온 느낌에 대해 이야기를 나눈다.

　교사: 숲에 오니 무엇을 볼 수 있니?
　유아: 나무(새, 하늘, 구름, 해, 꽃, 풀, 개미)요.
　교사: 숲에 오니 어떤 소리를 들을 수 있니?
　유아: 나뭇잎 밟는 소리(새소리, 사람들이 걷는 소리, 물이 흐르는 소리)요.

○ 숲 속에 있는 나무에 청진기를 대고 들으면 어떤 소리가 날지 예측해 본 후,
　들어 본다.

　교사: 나무에서는 어떤 소리가 들릴 것 같니?
　유아: 물소리요. / 아무 소리도 안 들릴 것 같아요.

○ 나무에서 나는 소리를 들은 후 느낌을 이야기해 본다.

　교사: 나무에서 어떤 소리가 들렸니?
　유아: 꾸르륵하는 소리요.(물소리)
　교사: 나무에서 나는 소리를 들으니 어떠니?
　유아: 소리를 들으니까 신기하고 나무가 진짜 살아 있는 것 같아요.

♠ 유의점:

○ 나무의 소리를 들을 때 주변이 조용한 환경이 되도록 하고, 메마르지 않은 나
　무가 있는 곳을 선택하도록 한다.

♠ 확장 활동

○ 활동명: 자연물로 소리 만들기.
○ 준비물: 나뭇잎, 열매, 돌멩이, 나뭇가지 등 여러 가지 자연물.
○ 활동내용: 여러 종류의 자연물을 탐색해 보며 소리를 예측해 본다.

♠ 사후 활동

○ 활동명: 나무가 물을 먹는 모습을 신체로 표현하기

○ 준비물: 숲 속 사진 OHP 필름, OHP, 청진기, 물 그림의 활동 머리띠.

○ 활동내용: 유아들이 세웠던 가설을 바탕으로 하여 나무가 물을 먹는 모습을
신체로 표현한다. 활동의 배경은 바닥이나 벽에 숲 속에 있는 나무
의 사진을 OHP로 투사시켜 준비한다. 나무가 빨아들이는 물, 청진
기를 대어 보는 유아 등으로 역할을 나눈 후, 신체로 표현한다.

♠ 활동 장면, 결과물(유아들 결과물, 활동 장면 사진).

① 활동하는 장면(활동 관련 사진)

♠ 소감

○ 교사: 유아들은 청진기를 대지 않고 나무를 바라볼 때에는 들을 수 없는 소리
를 발견하며 놀라워하였다. 우리들의 귀로는 잘 들을 수 없는 신기하고
새로운 소리를 찾아 유아들이 자주 들어 볼 수 있는 기회를 만들어 주
어야 하겠다.

자연지능 활동. 자연의 색 찾기

열린 유치원

♠ **자연지능 활동 목표:**

○ 자연의 색을 알아보고 우리가 얻을 수 있는 색을 찾아 종이나 헝겊에 직접 자연물을 이용한 색을 만들며 자연을 아름답게 느낀다.

♠ **6차 유치원 교육 과정에서의 관련 요소**

탐구 생활	창의적 탐구	주변의 사물과 사건에 관심을 가지고 탐색해 본다.	주변의 사물과 사건에 관심을 가지고 탐색해 본다.
언어생활	말하기	경험, 생각, 느낌 말하기	경험한 것, 생각한 것, 느낀 것에 대해 나름대로 말한다.

♠ **7차 유치원 교육 과정에서의 관련 요소**

탐구 생활	탐구하는 태도 기르기	사물과 현상에 지속적인 관심 가지기	생활 주변의 사물과 현상에 대해 호기심을 가진다.
언어생활	말하기	생각과 느낌 말하기	자신의 느낌을 말한다.

♠ **숲 속 장소(지명): 유치원 놀이터**

♠ **활동 자료**

○ 유치원에서 가져가야 할 것: 흰 종이, 하얀색 헝겊, 필기도구.

○ 숲에서 구해야 할 것: 여러 종류의 꽃, 나뭇잎, 열매, 들풀 등.

♠ **활동 시간: 30분~40분**

♠ 활동 방법:

○ 유치원 버찌나무를 관찰한다.

교사: 이 나무의 이름은 뭔지 알고 있니?
교사: 열매인 버찌가 어떻게 생겼니?
교사: 무슨 색이니?

○ 버찌를 손으로 으깨 본다.

교사: 손에 어떤 색이 물드니?

○ 종이에 버찌를 문질러 본다.

교사: 종이에 문지르면 어떤 색이 나올까?
교사: 무슨 색이니?

○ 숲에서 여러 가지 색을 찾아본다.

교사: 숲에는 어떤 색이 있니?
(풀잎－초록색, 계란 꽃－노란색, 장미꽃잎－진빨강, 흙－황토색)

○ 다양한 방법으로 색깔 내기

교사: 버찌를 누르니까 색이 나오는구나.
교사: 풀을 돌멩이로 찧으니까 초록색 물이 나오네.
교사: 계란 꽃은 문지르니까 노란색이 잘 나오는구나.

○ 내가 찾은 색을 이야기하며, 친구들이 찾은 색을 감상하는 시간을 갖는다.

♠ 유의점:
크레파스로 인하여 나무가 손상되지 않도록 큰 종이를 준비한다.

♠ 확장 활동

○ 자연물－얻어 낸 색 결과물을 정리하여 전시한다.

○ 자연의 색을 이용한 채색 활동을 한다.

○ 우리가 색을 발견한 자연물의 이름을 알아본다.

♠ 사후 활동

○ 치자물, 포도물 등을 준비하여 작은 손수건이나 주머니 염색활동을 진행한다.

♠ 활동 장면, 결과물(유아들 결과물, 활동 장면 사진).

① 유아 결과물(그림 자료)

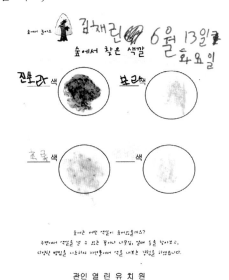

♠ 소감

○ 교사: 숲에는 정말 많은 색이 숨어 있었다. 색을 찾으며 자연스럽게 색을 얻어
낸 자연물의 이름에 대해 궁금증을 갖게 되고 이름을 알아보는 확장 활
동이 이루어질 수 있었다. 만약 봉숭아꽃이 피는 여름에 활동을 진행한
다면 아이들에게 더욱 좋은 경험이 될 것 같다.

자기성찰지능 활동. 숲 속 거닐기

다중지능연구소

♠ **자기성찰지능 활동 목표:**

○ 숲 속을 거니는 활동을 통해 상쾌한 경험을 한다.

○ 자신이 원하는 방향으로 마음껏 이동한다.

♠ **6차 유치원 교육 과정에서의 관련 요소**

건강 생활	기본 운동 능력	이동 운동하기	공간을 이동하면서, 제시된 조건에 따라 몸을 다양하게 움직인다.
표현 생활	감상	자연과 사물 및 조형 작품 감상하기	자연과 사물의 아름다움을 느낀다.

♠ **7차 유치원 교육 과정에서의 관련 요소**

건강 생활	나의 몸 움직이기	이동하며 움직이기	걷기, 달리기, 뛰기 등을 하면서 제시된 조건에 따라 몸을 움직인다.
표현 생활	감상하기	아름다움 느끼기	자연과 다양한 춤, 음악, 조형물, 극놀이 등을 듣거나 보고 즐긴다.

♠ **준비물:** 편한 복장, 자연이 아름다운 수목원 정도.

♠ **준비 사항:**

○ 유치원에서 가져가야 할 것: 약속된 신호로 쓸 탬버린, 산에서 볼 수 있는 표시판.

○ 숲에서 구할 것: 숲 속 표시판

♠ **활동 방법:**

○ 이곳에 오니까 무엇이 보이니?

○ 어떤 곳으로 가고 싶니? 누구와 가고 싶니?

○ 여러 가지 표시를 보고 에티켓을 지키도록 한다.

♠ **유의점:**

○ 숲 속에서 어떤 장면이 아름답다고 느꼈는지, 보았는지 숲 속을 거닌 후에 이야기한다. 혹은 모두 함께 가 본다.

인간친화지능. 발바닥 공원을 청소해요.

♠ 인간친화지능 활동 목표:

○ 자연을 사랑하는 마음을 갖는다.

○ 자연을 위해 내가 할 수 있는 일을 알고 실천한다.

♠ 6차 유치원 교육 과정에서의 관련 요소

건강 생활	사회 현상과 환경	환경 보전에 관심 가지기	아름다운 환경의 소중함을 안다.
표현 생활	감상	자연과 사물 및 조형 작품 감상하기	자연과 사물의 아름다움을 느낀다.

♠ 7차 유치원 교육 과정에서의 관련 요소

건강 생활	안전하게 생활하기	환경오염이나 재난에 대비하기	환경오염을 예방하는 방법을 알고 실천한다.
표현 생활	감상하기	아름다움 느끼기	자연과 다양한 음악, 춤, 조형물, 극놀이 등을 듣거나 보고 즐긴다.

♠ 숲 속 장소(지명): 발바닥 공원(도봉구)

♠ 활동 자료

○ 유치원에서 가져가야 할 것: 비닐장갑, 비닐봉지.

○ 숲에서 구해야 할 것

♠ 활동 시간: 30분

♠ 활동 방법:

○ 자연의 소중함을 알고 자연을 위해 내가 할 수 있는 일을 이야기한다.

　교사: 우리에게 주는 것이 많은 자연이라는 것을 우리는 숲을 산책하면서 알게 되
　　　　었어요. 이런 자연을 위해 내가 할 수 있는 일은 무엇이 있을까?
　유아: 쓰레기를 함부로 버리지 않아요. 버려진 쓰레기는 주워요. 나뭇가지를 꺾지
　　　　않아요.
　　　　잔디를 밟지 않아요.

○ 공원에 나가 직접 쓰레기를 주우며 청소를 한다.

　교사: 지금 너희들이 말한 것은 너희들이 직접 할 수 있는 자연을 위하는 길이야.
　　　　그럼 공원으로 나가서 공원에 버려진 쓰레기를 줍고 공원을 깨끗하게 만들어
　　　　볼까?

○ 청소 후 깨끗해진 공원을 돌아보며 느낌을 이야기한다.

　교사: 곳곳에 보이던 쓰레기를 너희들이 주우니깐 너무너무 깨끗해졌어. 깨끗해진
　　　　공원을 보면서 어떤 생각을 하고 있니?
　유아: 앞으로 함부로 쓰레기를 버리지 않을 거예요. 동생에게도 함부로 버리지 말라
　　　　고 이야기해요. 깨끗한 공원을 보니 기분이 좋아요.

♠ 유의점:

○ 쓰레기를 주울 때 나무나 꽃들이 훼손되지 않도록 한다.

준비 사항: 자연의 소중함을 알고 유아들과 공원에서 쓰레기를 주울 때 나무나
　　　　　 꽃이 훼손되지 않도록 충분히 이야기한다.

♠ 소감

○ 교사: 서로 많이 주었다고 자랑하는 모습이 대견스러웠다.

3) 숲과 교류하기

숲과 교류하기의 내용은 8가지 지능 활동으로 구성하였다. 이유는 어느 한 지능을 개발하거나, 특기를 개발하는 상태는 다중지능이 추구하는 방향이 아니기 때문이다. 강점은 살리되 혹시 다른 약한 지능은 끌어올리는 것이 목표이다.

그동안 숲에서의 활동을 통하여 유아에게 친환경적 태도를 기르는 방법으로 효과가 입증되어 왔다(이명환, 2006; 이선영, 2005). 숲과 교류하는 활동은 숲과 유아의 연계를 의미한다. 숲을 통한 교육은 인간과 생태계의 총체적 유기적 관계를 이해시키는 데서 출발한다. 특히 책임 있는 삶의 체험과 관련되어 있으며 어린 시절 야외에서의 직접적인 자연 체험이 가장 중요한 영향을 주므로 어린 시절 환경에 대한 태도와 지식은 환경 행동을 이끌기 위해 무엇보다도 중요하다.

숲 교육하기 활동들은 숲을 직접 체험하고 관찰하는 가운데 본질을 파악하고, 그러한 자연을 구성하고 있는 생명체들의 관계를 이해한 후 마침내 그 이름을 익힌다면 자연에 대한 많은 편견에서 벗어날 수 있다. 이름은 나와 생물의 교감을 위한 것이 아니라 의사소통의 수단일 뿐이다.

유아를 위한 숲과의 교류하기는 나무, 야생화로 동시를 짓고, 책을 만드는 활동이 있다.

숲에서 구할 수 있는 열매나 돌멩이를 이용하여 오목을 두면서 수의 순서나 규칙에 대하여 알고자 하였고, 신체운동은 나무 간에 얼마나 거리가 떨어져 있는지, 자신의 신체를 통하여 측정해 보도록 하였다. 음악지능은 풀로 피리를 만들어 불어 보거나, 다양한 자연물을 구하여 소리를 만들어 보며 탐색할 수 있도록 하였다. 숲은 개방되어 있기 때문에 쉬고 싶거나 혼자이고 싶을 땐 자신만의 공간이 없다. 때문에 내 오두막을 서로 힘을 합하여 만든다. 자신의 신체를 이용하여 나무 둘레를 재어 보는 활동을 통하여 보다 친밀하게 교류할 수 있도록 노력하였다. 마지막으로는 숲과의 꾸준하고 영원한 교류를 위하여 우리가 해야 할 일이 무엇인지 사회를 찾아가는 것으로 구성하였다.

기존의 많은 연구를 통하여 친환경적 태도를 기르는 방법으로 효과가 입증되었다. 현장 체험을 통한 환경 교육은 인간과 생태계의 총체적 유기적 관계를 이해시키는 데서 출발한다. 특히 책임 있는 삶의 체험과 관련되어 있으며 어린 시절 야외에서의 직접적인 자연 체험이 가장 중요한 영향을 주므로 어린 시절 환경에 대한 태도와 지식은 환경 행동을 이끌기 위해 무엇보다도 중요하다.

언어지능 활동. '나무가 좋아' 동시 짓기

행복한 유치원

♠ 언어지능 활동 목표:

○ 자신의 생각을 글로 표현할 수 있다.

♠ 6차 유치원 교육 과정에서의 관련 요소

언어생활	듣기	동화, 동요, 동시 듣기	동화, 동요, 동시를 듣고, 느낌을 표현해 본다.
	읽기, 쓰기에 관심 가지기	쓰기에 관심 가지기	그림 그리기나 긁적거리기로 자신의 생각을 표현해 본다.

♠ 7차 유치원 교육 과정에서의 관련 요소

언어생활	듣기	문학 활동 즐겨 듣기	전래 동화, 동요, 동시를 듣고 우리말의 재미를 느낀다.
	쓰기	쓰기에 관심 가지기	자신의 생각과 느낌을 그림으로 나타내거나 긁적거리기를 즐긴다.

♠ 숲 속 장소(지명): 교실

♠ 활동 자료

○ 유치원에서 가져가야 할 것: '나무가 좋아' 동시 판, 나무 사진, 활동지, 연필.

○ 숲에서 구해야 할 것:

♠ 활동 시간: 20분

♠ 활동 방법:
○ 교사와 함께 나무가 주는 이로움에 대해 이야기한다.
○ 교사와 함께 동시를 읊어 본다.
○ 동시를 보고 나무가 좋은 점을 적어 보며 동시를 재구성한다.
○ '나무가 좋아' 동시를 읽고 자신의 생각을 이야기한다.

  교사: 왜 나무가 좋다고 이야기했나요?
  유아: 시원한 그늘을 만들어 주어서요. / 맛있는 열매를 줘서요.
  교사: 그럼 너희들은 왜 나무가 좋니?
  유아: 예쁜 나뭇잎을 보여 줘서요. / 맑은 공기를 만들어 줘요.

○ 동시를 다 함께 읊어 보고 동시를 재구성한다.

  교사: '나무가 좋아' 동시처럼 너희들도 동시를 지어 볼 거야. 너희들이 말한 나무
        의 좋은 점을 적어 보면서 동시를 지어 볼까?

○ 나무의 좋은 점을 다시 한 번 알고 자신의 동시를 발표한다.

  교사: 너희들이 지은 '나무가 좋아' 동시에는 너희들이 알고 있는 나무의 좋은 점,
        우리에게 도움을 주는 고마운 점이 적혀 있어. 너희들이 지은 동시를 앞에 나
        와서 발표해 볼까?

♠ 유의점:
○ 아직 동시 전체를 짓는 데 어려움을 느끼는 유아들이 있으므로 중간 중간 빈
  칸을 채워 넣어 동시를 재구성한다.

♠ 소감
○ 교사: 동시 짓기보다는 이야기를 그냥 쓰는 수준의 모습을 보여 아쉬웠다.

언어지능 활동. 야생화 책 만들기

게명 유치원

♠ 언어지능 활동 목표:

○ 야생화에 관련된 내용을 소책자 형태로 만들 수 있다.

♠ 6차 유치원 교육 과정에서의 관련 요소

표현 생활	표현	만들기와 꾸미기	여러 가지 재료와 도구를 활용하여 자유롭게 만들고 꾸며 본다.
탐구 생활	과학적 탐구	생물에 대하여 관심 가지기	주변의 동물과 식물을 관찰해 본다.

♠ 7차 유치원 교육 과정에서의 관련 요소

표현 생활	예술적 표현 글짓기	조형 활동으로 표현하기	조형 활동에 필요한 재료와 도구를 다양하게 사용한다.
탐구 생활	과학적 기초 능력 기르기	자연 현상에 대해 알아보기	생활 주변의 자연물(돌, 물, 흙 등) 탐색을 즐긴다.

♠ 숲 속 장소(지명): 서대문구 안산

♠ 활동 자료

○ 유치원에서 가져가야 할 것: 디지털 카메라, 수첩, 필기도구, 컴퓨터, 프린터기, 색도화지.

○ 숲에서 구해야 할 것

♠ 활동 시간: 50분

♠ 활동 방법:
○ 자신이 메모해 온 야생화 이름 보고 컴퓨터로 편집하기(교사가 유아와 함께 찍어 온 사진을 컴퓨터에 저장한 후 유아 개인별 폴더를 이용해서 사진을 담는다.)
○ 교사가 유아와 함께 찍어 온 사진을 컴퓨터에 저장한 후 유아 개인별 폴더를 이용해서 사진을 담는다.

  교사: 우리가 숲 속에서 찍은 야생화 사진은 컴퓨터 속에 넣어서 폴더로 만들자.
  유아: 선생님 제 폴더에 10개 넣어도 돼요?

○ 사진을 출력하기

  교사: 출력된 사진들은 어떻게 하면 좋을까?
  유아: 책으로 만들면 좋겠어요.

○ 소책자에 사진과 함께 설명 붙이기(덧붙일 설명은 교사가 미리 준비한다)

  교사: 자 이렇게 책이 완성되었구나!
  유아: 친구들에게 소개해 주고 싶어요.

♠ 유의점:
○ 책에 들어가는 야생화의 종류는 유아들의 의견에 따라 선택하도록 한다.

♠ 사후 활동
○ 친구들의 책을 보면서 비교 평가하기
○ 언어활동에 전시하여 다양한 야생화를 관찰한다.

언어지능 활동. 나뭇잎을 이용하여 글자 만들기

보광 어린이집, 노벨 유치원

♠ **언어지능 활동 목표:**

○ 주변의 자연물을 이용하여 다양한 형태의 글자를 만들어 본다.

♠ 6차 유치원 교육 과정에서의 관련 요소

표현 생활	감상	자연과 사물 및 조형 작품 감상하기	자연과 사물의 아름다움을 느낀다.
언어생활	읽기, 쓰기에 관심 가지기	글자에 관심 가지기	주변의 글자에 관심을 가진다.

♠ 7차 유치원 교육 과정에서의 관련 요소

표현 생활	감상하기	아름다움 느끼기	자연과 다양한 음악, 춤, 조형물, 극놀이 등을 듣거나 보고 즐긴다.
언어생활	읽기	읽기에 관심 가지기	주변에서 친숙한 글자를 찾아본다.
	쓰기	쓰기에 관심 가지기	자기의 이름을 써 본다.

♠ **숲 속 장소(지명): 효창공원**

♠ **활동 자료**

○ 유치원에서 가져가야 할 것: A4 용지, 내 이름표.

○ 숲에서 구해야 할 것: 자연물(낙엽, 돌, 들꽃 등)

♠ **활동 시간: 25분**

♠ 활동 방법:

○ 나무 아래에는 어떤 것을 볼 수 있는지 이야기한다.

　교사: 바닥에 떨어져 있는 낙엽으로 자유롭게 놀아 보아요.

○ 나뭇잎으로 내 이름이나 쓰고 싶은 글자와 비슷하게 배열한다.

　유아: 선생님~ 낙엽으로 글자가 만들어졌어요.
　교사: 그럼 낙엽으로 어떤 글자를 표현해 볼 수 있을까?
　유아: 저는 "가수"를 낙엽으로 써 볼게요.

○ 친구들이 쓴 글자를 감상한다.
○ 그 밖에 여러 가지 단어를 자유롭게 낙엽으로 표현해 보며, 친구의 작품에 대해 이야기 나눈다.

　교사: 어떤 글자가 가장 재미있었나요?

♠ 유의점: 나뭇가지나 꽃 등의 자연물을 꺾지 않고 수집해 오도록 이야기 나눈다.

▌ 와~ 글자 '가'가 되었네!　　▌ 맴맴 매미가 되었네!

▌ 영-차 풀싸움 놀이를　▌ 내 이름은 ○○　▌ 이 나무는 알파벳　▌ 풀꽃과 풀잎으로 멋
　 해요　　　　　　　　 입니다.　　　　　 Y 같아요.　　　　　 진 액자도 만들어요.

논리수학지능 활동. 오목 두기

보광 어린이집

♠ 논리수학지능 활동 목표

○ 수의 서열과 공간 지각 능력을 키운다.

♠ 유아 교육 과정에서의 관련 요소

탐구 생활	수학적 기초 능력 기르기	자료 정리 및 결과 나타내기	한 가지 기준에 따라 자료를 분류하고 설명한다.
	탐구하는 태도를 기르기	탐구 과정 즐기기	궁금한 점을 알 수 있는 방법을 궁리한다.

♠ 숲 속 장소(지명): 효창 공원

♠ 활동 자료

○ 유치원에서 가져가야 할 것: 오목판, 흰 돌, 검은 돌.

○ 숲에서 구해야 할 것: 흰 돌, 검은 돌.

♠ 활동 시간: 30분

♠ 활동 방법:

○ 오목판을 보이며 어디서 접한 물건인지 물어 본다.

유아: 선생님 여기 오목판이 있어요.

교사: 어디서 본 적 있니?

유아: 집에서 할아버지가 하셨어요.

○ 오목 놀이 방법을 설명하여 준다.

교사: 그럼 어떤 재료가 더 있어야 할까?
유아: 오목 두는 구슬이요.
교사: 이 숲에서 한번 찾아보자.
유아: 바닥에 자갈돌로 놀이해요.

○ 수집해 온 재료를 모아 놓은 뒤 놀이를 함께해 본다.

교사: 돌을 어떤 곳에 두어야 이길 수 있었니?

♠ 교사 발문

교사: 오목놀이를 위해 무엇이 필요할까?
이 숲에서 어떤 재료로 사용할 수 있을지 한번 찾아보자.

♠ 유의점
○ 돌을 놓을 수 있는 정확한 지점에 대해 이야기한다.
○ 돌을 수집하기 전 놀이가 가능한 적절한 크기의 돌에 대해 이야기 나눈다.

♠ 확장 활동
○ 평평한 자갈돌로 높이 쌓기 놀이를 한다.
○ 돌을 나란히 연결하여 자갈 기차 만들기 놀이를 한다.

♠ **사후 활동**

<조작활동> "공기놀이"

○ 조그마한 자갈돌을 이용하여 공기놀이를 한다.

♠ **활동 장면, 결과물(유아들 결과물, 활동 장면 사진).**

▌한 번 세어 볼까? 하나 둘 셋 넷 다섯

♠ **소감**

○ 교사: 공간지각능력이 부족한 유아들에게는 다소 어려운 활동이 될 수 있으므로 반복적인 설명이 요구되며 활동 전 예시를 많이 들려주어야 한다.

논리수학지능 활동. 나무와 나무 사이는 몇 걸음일까요?

행복한 유치원, 보광 어린이집

♠ 논리수학지능 활동 목표:

○ 신체나 줄자의 사용법을 안다.

♠ 유아 교육 과정에서의 관련 요소

표현 생활	감상하기	아름다움 느끼기	자연과 다양한 음악, 춤, 조형물, 극놀이 등을 감상하고 생각과 느낌을 나눈다.
탐구 생활	수학적 기초 능력 기르기	기초적인 것을 측정해 보기	주변 물체의 여러 가지 측정 가능한 속성(길이, 크기, 무게, 들이, 시간)을 탐색한다.

♠ 숲 속 장소(지명): 세심천 공원(도봉구)

♠ 활동 자료

○ 유치원에서 가져가야 할 것: 카메라, 줄자.

○ 숲에서 구해야 할 것:

♠ 활동 시간: 30분

♠ 활동 방법:

○ 공원에서 다양한 나무들을 관찰한다.

교사: 와~ 공원에는 정말 많은 나무들이 있네. 우리 공원에는 어떤 나무들이 있을까?
유아: 은행나무요. / 단풍나무요. / 소나무도 있어요.

교사: 그래 정말 많은 나무들이 있어. 그런데 나무들은 서로 어떻게 있지? 서로 바로 옆에 붙어서 있니?

유아: 아니요. 서로 떨어져 있어요. / 팔을 쭉 뻗은 만큼 있는 것 같아요.

ㅇ 나무와 나무가 서로 거리가 있음을 찾아본다.
ㅇ 줄자나 신체를 이용하여 나무와 나무 사이를 측정해 보기로 한다.

교사: 나무들이 서로 얼마만큼 떨어져 있는지 어떻게 알 수 있을까?

유아: 자로 재면 알 수 있어요.

교사: 그런데 우리는 지금 자가 없는데?

유아: 그럼 팔을 쭉 뻗어서 재요. / 우리가 누우면 돼요. / 뛰면 될 것 같아요.

교사: 그럼 너희가 말한 여러 방법 중에서 걸어가면서 나무와 나무하고의 거리를 재어 보자. 나하고 친구하고의 발걸음이 모두 같게 나오는지 보도록 할까?

ㅇ 발을 이용하여 나무와 나무 사이를 측정하고 친구와 발걸음 수를 비교해 본다.

교사: 너희들이 모두 나무와 나무 사이를 발걸음으로 재 보았는데 나온 걸음이 모두 같았니?

유아: 달랐어요. / 나는 걸어갔는데 ○○는 뛰어갔어요.

교사: 그래 너희들이 걸어가고 뛰어가는 여러 방법에 따라 나온 길이가 모두 다르게 나왔네.   다른 친구와도 길이가 어떻게 다른지 서로 비교해 보자.

○ 유아들이 측정 활동 시 사진을 찍어 준다.

♠ **유의점:**

○ 유아들과 활동하기에 위험한 장소가 아닌 곳에서 유아들이 재미있게 측정한다.

♠ **확장 활동**

○ 손가락의 길이를 이용하여 측정해 본다.

♠ **소감**

○ 교사: 유아가 좀 더 다양한 방법으로 거리를 측정해 보면 더 좋았을 것 같다.

신체운동지능 활동. 나는 숲 속이에요.

샛동 유치원

♠ **신체운동지능 활동 목표:**

○ 몸을 움직여 봄으로써 자신의 몸의 일부나 전체를 통제할 수 있다.

○ 숲 속에서 볼 수 있는 모습들에 대해 알고, 이를 창의적으로 표현할 수 있다.

♠ **6차 유치원 교육 과정에서의 관련 요소**

표현 생활	표현	동작으로 표현하기	신체를 이용하여 주변의 여러 가지 모양과 움직임을 따라해 본다.

♠ **7차 유치원 교육 과정에서의 관련 요소**

표현 생활	예술적 표현 즐기기	움직임과 춤으로 표현하기	신체를 이용하여 주변의 움직임을 다양하게 표현한다.

♠ **숲 속 장소(지명): 나무가 많은 숲(앵봉산)**

♠ **활동 자료**

○ 유치원에서 가져가야 할 것: 다양한 모습의 그림, 머리띠, 배경음악.

○ 숲에서 구해야 할 것:

♠ **활동 시간: 30분**

♠ **활동 방법:**

○ 숲 속에서 볼 수 있는 다양한 모습들에 대해 이야기를 나눈 후, 그 장면들을 몸으로 시범을 보인다.

교사: 숲에서는 어떤 모습을 볼 수 있니?
유아: 운동하는 사람(새가 날아가는 모습, 도토리, 나뭇잎이 바람에 흔들리는 모습, 꽃.)
유아: 몸으로 나타내어 볼 수 있겠니?(유아들이 이야기한 것을 몸으로 시범을 보이 도록 한다.)
교사: 선생님이 준비한 그림에는 날아가는 새(다람쥐, 나무……)가 있어. 이것으로 너희가 숲 속이 되어 볼 거야. 바람에 흔들리는 나뭇잎처럼 보이려면 어떻게 움직이면 좋을까?

○ 숲 속 모습의 역할을 맡은 후, 숲 속의 일부분이 되어 표현해 본다.
○ 몸으로 나타내어 본 느낌과 재미있었던 점과 고쳐야 할 점 등에 대해 이야기 를 나눈다.

교사: 몸으로 숲 속이 되어 보니까 느낌이 어떠니?
유아: 진짜 나무가 된 것 같았어요(꽃처럼 하고 있으니까 진짜 바람이 불어서 시원 했어요).
교사: 더 재미있게 하기 위해서 어떻게 고치면 좋을까?
유아: 저는 나비였는데, 너무 빨리 뛰어다녀서 다른 친구랑 부딪혔어요. 그래서 천 천해 걸어야겠어요.
교사: 교실에 가서는 그림에는 없었던 돌이나 바람도 되어 보자.

♠ **유의점:**

○ 숲 속의 여러 모습들에 대해 충분히 이야기를 나눈다.
○ 더욱 연관되는 활동을 위해 교사가 해설자의 역할을 맡을 수 있다.

♠ 확장 활동

○ 바람 표현하기

(배경음악에 맞추어 스카프의 움직임을 이해하고, 이것을 이용하여 표현한다.)

♠ 사후 활동

○ 교사가 준비하지 않은 것 중에서 유아들이 이야기했던 것들을 그림으로 그린 후, 역할을 더 첨가하여 표현해 본다.

♠ 소감

○ 교사: 유아들은 자세히 보아야 하는 것들(개미, 거미줄, 새집 등)도 이야기하였으며, 이것들을 표현하기 위해 적절한 매체를 찾아보기도 하였다. 흔히 볼 수 있는 것 이외에 표현이 명확하고 다양한 것들을 찾아 준비해 주어야 하겠다.

음악지능 활동. 나비의 날개

교하슬기 유치원

♠ 음악지능 활동 목표:

○ 음악을 들으며 데칼코마니 활동을 한다.

♠ 6차 유치원 교육 과정에서의 관련 요소

표현 생활	감상	음악 감상하기	다양한 종류의 음악을 듣고 즐긴다.
탐구 생활	과학적 사고	생물에 대해 관심 가지기	주변의 동물과 식물을 관찰해 본다.

♠ 7차 유치원 교육 과정에서의 관련 요소

표현 생활	감상하기	아름다움 느끼기	자연과 다양한 음악, 춤, 조형물 극놀이 등을 듣거나 보고 즐긴다.
탐구 생활	과학적 기초 능력 기르기	생명체와 자연 환경 소중하게 여기기	• 주변의 동식물에 관심을 가진다. • 주변의 모든 생물체를 존중하고 돌보는 마음을 가진다.

♠ 준비물:

○ 유치원에서 가져가야 할 것: CD플레이어, 호두까기 인형 중 꽃의 왈츠 CD, 스케치북, 아스 테이지, 그림 자료.

♠ 준비 사항: 오전 자유선택활동 시간에 자연스럽게 음악을 미리 들려준다.

♠ 숲 속 장소(지명): 사패산

♠ 대상 연령: 만 4세

♠ 활동 방법:
  * 여러 가지 나비에 관한 이야기 나누기

교사: 이 나비는 어떤 나비일까요?
유아: 호랑나비요.
교사: 이 나비를 본 적이 있어요?
유아: 그때 시골 가는데요, 봤어요.
교사: 내가 알고 있는 나비를 말해 보자.
유아: 흰나비요. 제비나비요. 호랑나비요.
교사: 오늘은 숲에서 나비를 찾아볼 건데 숲에 가면 어떤 나비를 볼 수 있을까요?
유아: 저번에 가다가 흰나비 봤었어요. 호랑나비 봤으면 좋겠다.

○ 숲에서 나비 찾기

교사: 나비가 도망가지 않게 조심조심 관찰해 보자. 어떤 색깔이에요?
유아: 흰색이요, 흰색인데 막 줄도 있는 것 같아요.
교사: 날개에 무늬가 있어요?
유아: 네 동그란 거 있어요.
교사: 우리가 교실에서 좀 전에 본 나비와 같은 색깔의 나비가 있는지 찾아보자.
유아: 흰색인거 아까 봤는데, 여기도 있어요.

○ 활동을 회상하며 이야기 나눈다.

교사: 오늘 우리가 나비를 찾아보았는데 어떤 나비를 찾았어요?
유아: 흰나비요.
교사: 나비를 만났을 때 어떤 느낌이 들었어요?
유아: 반가웠어요. 예뻤어요. 만져 보고 싶었어요.

♠ 유의점
○ 비닐에서 물감이 쉽게 번지지 않도록 교사가 사전에 활동을 해 보아 물감의
   농도를 잘 조절한다.

♠ 사후 활동

○ 데칼코마니 – 나비의 날개

○ 차이코프스키 호두까기 인형 중 '꽃의 왈츠'의 일부를 들려준다.

교사: 아침에 이 음악 들은 것 생각나요?
유아: 네!
교사: 이 음악은 차이코프스키 선생님이 만든 '꽃의 왈츠'라는 곡이에요. 어떤 생각
    이 들어요?
유아: 꽃이요. / 춤추는 거요.
교사: 이제 데칼코마니 조형 활동을 할 건데, 이 음악을 들으며 할 거에요. 나비 모
    양 찍기를 하며 즐겁게 활동하기로 해요.

○ 투명 아세테이트지에 물감은 짠 후 접어 도화지에 찍어 보는 활동을 하였다.
    도화지에 물감을 짜서 할 때보다 여러 번 찍을 수 있고, 투명 비닐에 찍
    힌 나비 날개 모양의 물감 자국을 통해 독특한 느낌을 느껴 볼 수 있었다.

교사: 나비의 날개와 비슷한 점을 찾아보자.
유아: 나비 날개에 있는 동그라미랑 똑같아요. 줄무늬도 있어요.
교사: 그럼 나비의 날개와 다른 점은 무엇이 있는지 찾아보자.
유아: 아까 나비날개에는 빨간색이랑 파란색은 없었는데 여기는 생겼어요.

♠ 소감

○ 교사: 투명 비닐의 반을 접어 문지르는 과정, 그리고 펼쳤을 때 유아들의 반응
이 매우 다양하고 적극적이었다. 비닐 속에서 물감이 섞이는 것을 보며
계속 문지르기도 하고, 펼친 비닐을 들어 쳐다보기도 하는 모습을 보니
조형 활동의 소재 선택이 매우 중요함을 알게 되었다.

음악지능 활동. 풀피리 불기

샛동 유치원

♠ **음악지능 활동 목표:**

○ 풀잎으로 만들 수 있는 음악적 요소에 관심을 가진다.

○ 풀피리를 불며, 풀잎으로 내는 소리로부터 의미를 창조할 수 있다.

♠ **6차 유치원 교육 과정에서의 관련 요소**

사회생활	감상	자연과 사물 및 조형 작품 감상하기	자연의 아름다움을 느낀다.
표현 생활	표현	여러 가지 소리 만들기	목소리나 신체를 이용하여 다양한 소리를 내어 본다.

♠ **7차 유치원 교육 과정에서의 관련 요소**

사회생활	감상하기	아름다움 느끼기	자연과 다양함 음악, 춤, 조형물, 극놀이 등을 감상하고 생각과 느낌을 나눈다.
표현 생활	예술적 표현 즐기기	창의적인 표현 과정 즐기기	다양한 예술 활동을 스스로 선택하여 시도한다.

♠ **숲 속 장소(지명): 칼 풀이 많이 자라는 곳(등산로 옆 공간)**

♠ **활동 자료**

○ 유치원에서 가져가야 할 것: 녹음기

○ 숲에서 구해야 할 것: 여러 가지 모양의 풀, 칼 풀(음을 낼 수 있는 가는 풀).

♠ 활동 시간: 20분

♠ 활동 방법:
○ 숲 속에서 볼 수 있는 풀의 모양에 대해 이야기를 나눈다.

 교사: 숲 속에서 볼 수 있는 풀의 모양은 어떻게 생겼니?
 유아: 동그랗게 생겼어요. / 강아지풀도 있어요. / 길쭉하게 생긴 것도 있어요.
 교사: 풀로 피리처럼 소리를 낼 수 있단다. 어떻게 하면 소리가 날까?

○ 소리를 낼 수 있는 방법에 대해 이야기를 나눈다.
○ 다양한 모양의 풀을 입술로 살짝 물어 공기를 뱉으며 소리를 내고, 이것을 녹
  음한다.

 교사: 여기에 있는 어떤 풀에서 소리가 잘 날까?
 유아: 동그란 모양 풀이요. / 길쭉한 거요.
 교사: 어떤 모양의 풀에서 소리가 잘 나는지 입술로 살짝 물어서 바람을 불어 보자.

○ 풀피리를 불 때의 느낌과 소리, 소리를 내는 방법에 대해 이야기를 나눈다.

 교사: 풀피리를 불어 보니 느낌이 어떠니?
 유아: 악기로 된 피리를 부는 것 같아요.
 교사: 어떻게 하면 풀피리의 소리가 잘 났니?
 유아: 입을 이렇게 만들어야 해요. / 침이 없으면 더 잘 났어요.
 교사: 어떤 모양의 풀에서 소리가 잘 났니?
 유아: 길쭉한 모양 풀이요.
 교사: 지금 해 본 풀 말고 피리를 불 수 있는 다른 풀을 찾아보기로 하자.
 교사: 여기까지 오면서 무엇을 보았니?
 유아: 나무요(흙, 개미).

교사: 이렇게 생긴 것도 보았니? 이것은 무엇일까?

유아: 나뭇잎이요.

교사: 어떤 나무의 잎일까?

유아: 포도나무 잎이요.

교사: 왜 그렇게 생각했니?

유아: 포도처럼 주렁주렁 달려 있으니까요.

♠ 유의점:

○ 풀로 소리를 낼 수 있다는 경험을 얻을 수 있도록 하고, 한 가지뿐 아니라 다양한 풀로도 소리를 내 볼 수 있도록 한다.

♠ 확장 활동

○ 여러 가지 사물이 가지고 있는 음악적 요소를 찾아본다.

○ 자연이 내는 다양한 소리들을 찾아 들어 본다.

♠ 사후 활동

○ 교실의 한 영역에 녹음된 풀피리 연주를 들을 수 있도록 제시한다.

○ 풀피리 소리와 비슷한 악기를 찾아보고, 그 악기가 사용된 음악을 감상해 본다.

○ 다양한 물건으로 악기를 만들어서 함께 연주회를 열어 본다.

♠ 활동 장면

♠ 소감

○ 교사: 풀에서 쉽게 소리가 나지 않을 때가 있어서 유아들이 쉽게 포기하는 경우가 있었다. 이 경우에는 유아에게 소리가 나는 풀을 먼저 제공해 줌으로써 활동에 흥미를 느낄 수 있도록 하는 것이 중요하다.

♠ 활동 관련 사진

음악지능 활동. 효과음 만들기

자연 유치원

♠ **음악지능 활동 목표:**

○ 여러 가지 소리를 탐색해 보는 경험을 갖는다.

○ 창의적으로 리듬 만들고 표현할 수 있다.

○ 소리의 변별력을 기른다.

♠ **6차 유치원 교육 과정에서의 관련 요소**

표현 생활	표현	리듬 악기 다루기	자유롭게 리듬 악기를 다루어 본다.
탐구 생활	과학적 탐구	생물에 대하여 관심 가지기	주변의 동물과 식물을 관찰해 본다.

♠ **7차 유치원 교육 과정에서의 관련 요소**

표현 생활	예술적 표현 즐기기	음악으로 표현하기	신체나 리듬 악기를 사용하여 간단한 리듬 패턴을 만들어 본다.
탐구 생활	탐구하는 태도 기르기	탐구 과정 즐기기	• 다른 사람과 함께 탐구 과정에 참여한다. • 나의 생각이 다른 사람과 다를 수 있음을 안다.

♠ **숲 속 장소(지명): 수락산**

♠ **활동 자료**

○ 유치원에서 가져가야 할 것: 동화책

○ 숲에서 구해야 할 것:

♠ 활동 시간: 25~30분 소요

♠ 활동 방법:
○ 유아들에게 '조니는 외로워' 그림동화를 읽어 준다.
○ 유아들에게 여러 번 읽어 주어 유아들이 동화에 친숙하도록 한다.
○ 교사가 이야기를 들려줄 때 숲속의 환경을 이용하여 간단한 효과음을 내어 보며 이야기를 다시 한 번 들려준다.
　(나뭇가지를 흔들어서 소리를 내어 본다, 흙을 섞는 소리도 만들어 본다.)
○ 교사와 유아들이 동화의 내용을 회상하며 교사가 한 것같이 동화 중간에 숲속의 환경을 이용하여 소리를 만들어 보자고 이야기한다.
○ 유아들과 이야기의 어떤 부분에, 어떠한 방법으로 소리를 만들어 볼지 정해 본다.
　(예- 조니가 움직인다: 나뭇잎을 구긴다.)
○ 유아들에게 소리를 만들어 보도록 하며, 교사는 이야기를 다시 한 번 들려준다.

　교사: 어떤 방법으로 소리를 만들 수 있을까?
　교사: 우리가 만든 효과음을 가지고 동시를 구성해 볼까?

♠ 유의점:
○ 교사가 창의적 활동을 자극하기 위해 교사가 먼저 모델을 제시해 줄 수도 있다.
○ 음과 리듬의 창작을 위한 가능성을 보여 주며 유아가 창의적인 반응을 할 수 있도록 도와줄 수 있으나, 유아가 교사를 그대로 따라 해야만 한다든지 교사가 하는 것만이 올바르다는 것을 유도해서는 안 된다.

♠ 확장 활동
○ 교실에 있는 장난감이나 우리 주변에서 쉽게 접할 수 있는 물건으로 소리를

만들어 본다.

♠ 사후 활동

○ 유아들과 함께 동화를 재구성해 본다.

♠ 활동 장면, 결과물(유아들 결과물, 활동 장면 사진).

① 활동하는 장면(활동 관련 사진)

♠ 소감

○ 교사: 자연이라는 넓은 환경에서 소리 나는 한정된 주제로 하니까 조금 막막
했지만, 유아들의 독특한 생각과 적극적인 참여로 인해 재미있는 수업
이 되었다.

○ 아동: 나무에서 나는 소리가 재미있었다.

음악지능 활동. 나무가 되어 보자

자연 유치원, 노벨 유치원

♠ 음악지능 활동 목표:

○ 음악을 듣고 나무가 되어 다양한 느낌을 표현할 수 있다.

○ 자연의 소중함을 안다.

○ 자연환경을 보호하고 잘 가꾸는 태도를 기른다.

♠ 유아 교육 과정에서의 관련 요소

표현 생활	감상하기	아름다움 느끼기	다양한 음악, 춤, 조형물, 극놀이 등을 듣거나 보고 즐긴다.
탐구 생활	과학적 기초 능력 기르기	• 생명체와 자연 환경 소중하게 여기기 • 자연 현상에 대해 알아보기	• 주변의 모든 생명체를 존중하고 돌보는 마음을 가진다. • 자연물의 사애와 변화를 관찰한다.

♠ 숲 속 장소(지명): 수락산

♠ 활동 자료

○ 유치원에서 가져가야 할 것: 다양한 느낌을 표현할 수 있는 음악

○ 숲에서 구해야 할 것:

♠ 활동 시간: 10분

♠ **활동 방법:**

○ 숲 속의 나무와 식물에 대해 이야기 나눈다.

교사: 우리가 어제 숲 속에 다녀왔는데, 숲 속에서 어떤 것을 보았니?

교사: 선생님은 나무가 너무 예쁘고 멋있어서 안아 보기도 하고, 말도 걸어 보고 했
     는데 너희들은 어땠니?

교사: 나무는 우리에게 어떤 도움을 줄까?

교사: 고마운 나무에게 우리가 어떻게 해 줄 수 있을까?

교사: 나무는 기분이 좋으면 어떻게 할까?

교사: 나무가 기분이 나쁘면 어떻게 할까?(숲 속 활동)

교사: 우리가 나무가 되어서 나무의 기분을 표현해 볼까?

○ 유아들이 나무가 되어 자유롭게 몸으로 표현해 본다.

○ 교사가 음악을 틀어 주면 유아들은 나무가 되어 자유롭게 한 번 표현해 본다.

○ 나무가 느낄 수 있는 감정을 이야기하며 표현해 본다.

○ 다양한 음악을 준비하여 음악에 맞추어 나무의 느낌을 생각하며 표현해 본다.

♠ **유의점:**

○ 다양한 음악을 준비하여 다양한 느낌을 표현할 수 있도록 준비하며, 숲 속의
환경을 충분히 느끼고 표현할 수 있도록 적절한 환경을 제시한다.

○ 유아에게 사전에 나무와 식물들을 보고 느낄 수 있는 경험을 제공하고, 충분
한 이야기가 진행되어야 한다. 숲 속의 나무와 식물들이 느끼는 감정과 우리가
어떠한 방법으로 숲 속 자연을 보호할 수 있는지 이야기가 진행되어야 한다.

♠ **사후 활동**

○ 나무의 기분을 그림으로 표현해 본다.

♠ 활동 장면, 결과물.

① 활동하는 장면(활동 관련 사진)

♠ 소감

○ 교사: 유아들이 자신의 느낌이나 생각을 동작으로 표현하고 자유롭게 움직일
　　　　수 있다는 점에서 즐거워하였고, 나무와 같은 입장에서 생각하다 보니 자
　　　　연의 소중함과 환경에 대해 더욱 많은 생각을 할 수 있었던 시간이었다.

○ 아동: 나무가 우리와 같이 생각할 수 있다는 것이 좋았어요.

공간지능 활동. 내 오두막 만들기

다중지능연구소

♠ 공간지능 활동 목표: 부러진 나뭇가지로 오두막집을 만들 수 있다.

　　　　　　　　　계획한 대로 집을 완성하는 경험을 가진다.

♠ 6차 유치원 교육 과정에서의 관련 요소

표현 생활	표현	만들기와 꾸미기	한 가지 재료를 활용하여 새롭고 다양한 방법으로 만들고 꾸며 본다.
탐구 생활	창의적 탐구	다양하게 생각하기	흥미 있는 사물과 사건에 대하여 여러 가지 생각을 해 본다.

♠ 7차 유치원 교육 과정에서의 관련 요소

표현 생활	예술적 표현 즐기기	조형 활동으로 표현하기	• 조형 활동을 통해 자신의 생각과 느낌을 창의적으로 표현한다. • 조형 활동에 필요한 재료와 도구를 다양하게 사용한다.
탐구 생활	탐구하는 태도 기르기	탐구 과정 즐기기	궁금한 점을 알 수 있는 방법을 궁리한다.

♠ 준비물:

○ 유치원에서 가져가야 할 것: 세계의 여러 집 사진, 손을 보호할 장갑.

○ 숲에서 구해야 할 것: 부러진 나뭇가지들, 나뭇잎.

♠ 활동 방법:

○ 세계의 여러 집을 보여 준다.

교사: 이 사진들 중에서 숲에서 지을 수 있는 집을 무엇일까?

교사: 숲과 가장 잘 어울리는 집은 어떤 것일까?

교사: 여기 한 가운데에 아파트가 있다면 어떤 기분일까?

○ 각자가 짓고 싶은 집은 어떤 집인지 옹기종기 둘러 앉아 땅에 설계도를 그리거나, 종이에 그림을 그려 설계도를 만든 후에, 준비한 나뭇가지나, 그 외에 구한 여러 자료로 오두막을 완성한다.

♠ 유의점:

○ 나뭇가지를 일부러 꺾는 일은 없도록 한다. 손에 가시가 들지 모르기 때문에 장갑을 끼도록 권유한다.

공간지능 활동. 코스모스 벽화 만들기

색동 유치원

♠ **공간지능 활동 목표:**

○ 숲 속에서 관찰한 것을 바탕으로 작품을 만들 수 있다.

○ 관찰을 통해 코스모스의 특징을 이해할 수 있다.

♠ **유아 교육 과정에서의 관련 요소**

표현 생활	예술적 표현 즐기기	조형 활동으로 표현하기	협동적인 조형 활동을 통해 생각과 느낌을 표현한다.
언어생활	쓰기	쓰기에 관심 가지기	자신의 생각과 느낌을 그림으로 나타내거나 긁적거리기를 즐긴다.

♠ **숲 속 장소(지명): 나무가 많은 숲(앵봉산)**

♠ **활동 자료**

○ 유치원에서 가져가야 할 것: 종이, 연필.

○ 숲에서 구해야 할 것:

♠ **활동 시간: 20분**

♠ **활동 방법:**

○ 숲에서 볼 수 있는 꽃에 대해 이야기를 나눈다.

　교사: 숲 속에서는 어떤 꽃을 볼 수 있니?

202

유아: 코스모스(무궁화, 해바라기)

ㅇ 코스모스를 관찰하며 코스모스의 모양에 대해 이야기를 나눈다.

교사: 코스모스의 모습은 어떠니?(꽃잎, 줄기, 잎, 꽃받침, 수술대)
유아: 잎이 뾰족뾰족해요. / 분홍색이에요.
교사: 이야기한 것을 그림으로 그릴 수 있겠니?(코스모스의 모습을 그린다.)

ㅇ 유아들이 그린 코스모스의 모양을 함께 보며, 교실에 가져가 코스모스 벽화를
  만들어 보기로 한다.

교사: ○○는 코스모스의 잎을 8장 그렸구나. / ○○의 꽃잎 모양은 뾰족뾰족한 모양이
    구나. 우리 이 그림을 교실에 가져가서 교실에 벽화를 만들어 보자.

♠ 유의점:
ㅇ 코스모스의 모습에 대해 충분히 이야기를 나눈 후, 유아마다 코스모스의 특징
  을 잘 표현한 것을 격려한다.

♠ 확장 활동
ㅇ 코스모스 이외에 다른 꽃잎을 관찰하고, 그것을 표현할 수 있도록 제시한다.

♠ 사후 활동
코스모스 벽화 만들기

♠ 활동 장면, 결과물(유아들 결과물, 활동 장면 사진).

① 활동하는 장면(활동 관련 사진)

♠ 소감

○ 교사: 유아들은 코스모스 잎과 꽃잎을 천에 적절히 배치하며 아름다운 모양을 만들기 위해 노력하였다. 유아들은 코스모스의 특징에 대해 다양한 표현을 하였다.

○ 아동: 유아들은 코스모스의 특징에 대해 다양한 표현을 하였으며, 꽃술 부분이 코스모스와 같은 다른 꽃의 이름을 이야기하기도 하였다. 유아들은 벽화를 완성한 후, 많은 성취감을 표현하였으며, 다른 꽃도 벽화를 만들어 보고 싶다는 이야기를 하였다.

공간지능 활동. 내 거미집(그물) 만들기

자연 유치원

♠ 공간지능 활동 목표:

○ 부러진 나뭇가지와 실로 거미그물을 만들 수 있다.

○ 계획한 대로 거미집을 만들어 완성하는 경험을 갖는다.

♠ 유아 교육 과정에서의 관련 요소

표현 생활	예술적 표현 즐기기	조형 활동으로 표현하기	조형 활동에 필요한 재료와 도구를 다양하게 사용한다.
탐구 생활	탐구하는 태도 기르기	사물과 현상에 지속적인 관심 가지기	궁금한 점에 대해 지속적으로 관심을 가진다.

♠ 숲 속 장소(지명): 유치원 뒷산 "수락산"

♠ 활동 자료

○ 유치원에서 가져가야 할 것: 부러진 나뭇가지들, 털실, 고무줄.

○ 숲에서 구해야 할 것: 여러 종류의 거미그물 사진, 거미가 줄 치는 방법 그림.

♠ 활동 시간: 30~40분

♠ 활동 방법:

○ 여러 종류의 거미그물 집을 보여 준다.

교사: 거미는 그물을 어떤 방법으로 만들까?

교사: 이 거미집 중에서 우리가 만들 수 있는 거미집은 어떤 것이 있을까?

○ 왕거미가 줄 치는 방법을 보여 준다.

교사: 내가 만들고 싶은 거미집은 무엇일까?

○ 종이에 그림을 그려 거미집 설계도를 그려 본다.

교사: 준비한 나뭇가지와 실로 거미집을 완성한다.

교사: 거미줄을 잘 만들려면 어떻게 할까?

아동: 거미줄의 실생활 이용 알아보기(이야기 나누기)

♠ **유의점:**

거미집을 만들기 전에 먼저 나뭇가지로 세로줄을 만들어 고무줄로 고정시킨다.

♠ **활동 장면, 결과물(유아들 결과물, 활동 장면 사진).**

① 활동하는 장면(활동 관련 사진)

♠ **소감**

○ 교사: 거미줄을 혼자 만들기 어려워 도우미가 필요했다.

자연지능 활동. 내 몸으로 재어 보는 나무 둘레

행복한 유치원

♠ **자연지능 활동 목표:**

○ 나무를 직접 만져 보며 느껴 본다.

♠ **6차 유치원 교육 과정에서의 관련 요소**

표현 생활	감상	자연과 사물 및 조형 작품 감상하기	자연과 사물의 아름다움을 느낀다.
탐구 생활	수학적 탐구	기초적인 측정과 관련된 경험하기	임의 단위를 사용하여 길이, 무게, 넓이 등을 측정해 본다.

♠ **7차 유치원 교육 과정에서의 관련 요소**

탐구 생활	기초 능력 기르기	기초적인 것을 측정해 보기	임의 단위를 사용하여 길이, 들이 등의 측정 경험을 한다.

♠ **숲 속 장소(지명): 발바닥 공원(도봉구)**

♠ **활동 자료**

○ 유치원에서 가져가야 할 것: 카메라, 색상지.

○ 숲에서 구해야 할 것: 나무 그 자체

♠ **활동 시간: 30분**

♠ 활동 방법:

○ 실외에 나가 다양한 나무들을 관찰하며 나무들이 모두 크기가 다름을 비교한다.

교사: 공원에는 정말 많은 나무들이 있어. 나무들이 모양도 서로 다르고 나무들의
　　　크기는 어떨까? 서로 같을까?
유아: 서로 달라요. / 큰 것도 있고, 작은 것도 있어요. / 저건 너무 얇아요.
교사: 그래. 저 나무는 정말 얇다. 그런데 저 나무는 정말 두껍네.

○ 나무의 둘레를 측정할 방법에 대해 이야기한다.

교사: 그런데 저 두꺼운 나무는 나무 둘레가 어떻게 될까? 어떤 방법으로 나무의
　　　둘레를 알 수 있겠니?
유아: 줄로 재요. / 팔을 벌려서 재요.
교사: 지금은 줄이 없으니 내 팔을 직접 벌려서 나무를 안아서 길이를 재어 볼까?

○ 신체를 이용하여 나무의 둘레를 측정하고 친구와 몸 둘레를 대조한다.

교사: 여러 종류의 나무를 다양하게 너희들의 팔로 재 보았는데 둘레가 어떤지 친
　　　구들과 서로 이야기해 보자. 친구들이 쟀던 나무를 너희들이 재 보아서 길이
　　　가 같은지 다른지도 알아볼 수 있지.

○ 나무 둘레 측정 때 교사가 사진을 찍어 준다.

♠ 유의점:

○ 나무에 벌레나 위험한 요소가 없는지 꼭 확인한 후 활동을 한다.
○ 나무를 몸으로 안을 때 만지기를 거부하는 유아들이 있을 수 있으므로 나무에
　대한 두려움을 갖지 않도록 격려한다.

○ 옻나무와 같이 만지면 안 되는 나무를 꼭 알아 두고 사전에 되도록 유아들과
   활동할 수 있는 나무를 선택한다.

♠ 소감
○ 교사: 나무와 친숙하지 않은 아이들은 나무를 안는다는 것을 꺼려해서 안타까
   웠으나 사진을 촬영하면서 친숙해졌다.
○ 유아: 발바닥 공원에 가서 나무의 둘레를 재 봤어요. 내 팔을 크게 벌려 나무
   를 안아 나무의 둘레를 측정했답니다. 내 품 안에 나무가 쏙~ 들어왔
   어요.

♠ 활동관련 사진

자연지능 활동. 낙엽 눈 만들기

보광 어린이집

♠ **자연지능 활동 목표:**

○ 자연물을 이용하여 즐겁고 자유롭게 놀이한다.

♠ **6차 유치원 교육 과정에서의 관련 요소**

건강 생활	기본 운동 능력	이동 운동하기	공간을 이동하면서, 제시된 조건에 따라 몸을 다양하게 움직인다.
언어생활	말하기	경험, 생각, 느낌 말하기	주제에 대하여 함께 이야기를 나눈다.

♠ **7차 유치원 교육 과정에서의 관련 요소**

건강 생활	나의 몸 움직이기	이동하며 운동하기	걷기, 달리기, 뛰기 등을 하면서 제시된 조건에 따라 몸을 다양하게 움직인다.
언어생활	말하기	생각과 느낌 말하기	주제에 대하여 함께 이야기를 나눈다.

♠ **숲 속 장소(지명): 남산 식물원**

♠ **활동 자료**

○ 유치원에서 가져가야 할 것: 낙엽

○ 숲에서 구해야 할 것:

♠ **활동 시간: 25분**

♠ 활동 방법
○ 낙엽이 나오는 동요에 대해 이야기 나눈 후 함께 부른다.

교사: 나뭇잎이 나오는 노래에는 어떤 것이 있을까?
유아: 선생님 던져 봐요 하늘 높이~
교사: 그럴까? 나뭇잎이 어떻게 떨어지는지 살펴보자.
유아1: 바람 타고 천천히 내려와요.
유아2: 눈 같아요.

○ 뿌린 낙엽을 잡거나 다양한 높이로 던져 보고, 걷거나 달리면서 뿌려 본다.
○ 떨어지는 낙엽의 모습을 관찰한 뒤 이야기 나눈다.

교사: 낙엽을 뿌려 보니 어떤 생각이 들었니?
교사: 낙엽을 뿌리면 어떻게 될 것 같니?
유아: 바람 타고 천천히 흔들흔들하며 내려와요.

♠ 유의점:
○ 유아가 다양한 방법으로 낙엽을 뿌려 볼 수 있도록 충분한 시간을 주며 자연
  스럽게 활동한다.

♠ 확장 활동
○ 2명씩 한 팀이 되어 큰 비닐통투를 이용하여 떨어지는 낙엽을 잡아 본다.

♠ 사후 활동
<언어활동> "낙엽 엽서"
○ 주워 온 낙엽을 코팅하여 친구에게 사랑의 편지를 쓴다.

♠ 활동 장면

▌ 야호 눈이 내려온다!!

♠ 소감

○ 교사: 특별한 교수매체가 없어도 자연물로만 즐겁게 활동해 볼 수 있는 재미
  있는 시간이었다.

자연지능 활동. 클로버 잎을 찾아서

열린 유치원

♠ **논리수학지능 활동 목표:**

○ 세 잎 클로버와 네 잎 클로버를 관찰하고 잎의 구조를 경험한다.

♠ **6차 유치원 교육 과정에서의 관련 요소**

탐구 생활	수학적 탐구	수의 기초 개념 이해하기	사물을 다섯까지 세고, 숫자와 연결한다.

♠ **7차 유치원 교육 과정에서의 관련 요소**

탐구 생활	수학적 기초 능력 기르기	수 감각 기르기	주변의 물체를 10까지 세고 숫자와 연결해 본다.

♠ **숲 속 장소(지명):** 수원시 권선구 금곡동 LG빌리지 화단

♠ **활동 자료**

○ 유치원에서 가져가야 할 것: 종이, 연필.

○ 숲에서 구해야 할 것: 클로버 잎

♠ **활동 시간:** 30~40분

♠ **활동 방법:**

○ 교사가 이야기하는 수만큼의 잎을 가져오기 게임

교사: 나뭇잎 1개를 가져오세요.

교사: 나뭇잎 2개를 열 세는 동안 가져오세요.

교사: 나뭇잎 3개를 누가 가장 빨리 가져올까?

○ 클로버 잎을 찾아본다.

○ 3개의 잎을 가져왔을 때 3개의 잎을 붙이며 이야기 나눈다.

교사: 이렇게 잎이 3개가 붙어져 있는 식물이 있어요.

교사: 이름을 알고 있니? 한번 찾아보자!

○ 세 잎 클로버와 네 잎 클로버를 찾는다.

○ 클로버 잎을 하나씩만 꺾어 줄기와 잎, 색 등을 관찰한다.

교사: 잎 모양이 어떤 모양이니?

교사: 자세히 보면 무엇이 보일까?

○ 잎맥을 관찰하며 잎맥의 역할에 대해 이야기 나눈다.

○ 줄기와 잎의 가장자리 생김새를 관찰한다.

○ 준비된 종이에 연필로 자신이 본 클로버 잎을 자세히 그려 보는 활동을 한다.

○ 꺾은 클로버 잎을 코팅하여 전시한다.

○ 클로버 잎으로 연상 그림을 그리거나 책갈피를 만든다.

♠ 유의점:

○ 자연의 소중함을 알고 클로버 잎을 많이 꺾지 않도록 한다.

♠ 확장 활동

○ 다른 잎을 관찰하며 클로버와 다른 점을 찾아본다.

○ 여러 개의 잎이 있는 식물을 찾아 숫자놀이를 한다.

♠ **활동 장면, 결과물(유아들 결과물, 활동 장면 사진).**
① 유아 결과물(그림 자료)

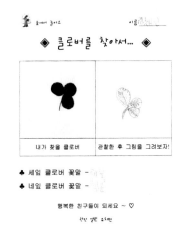

♠ **소감**

○ 교사: 작은 클로버 잎의 잎맥을 주의 깊게 관찰하는 아이들, 네 잎 클로버를
        찾아 환호성을 지르던 행복한 아이들의 모습이 정말 사랑스러웠다. 클
        로버 꽃반지와 화관 만들기 활동으로 연계하면 더욱 좋은 것 같다.

자기성찰지능 활동. 숲을 위해서 우리가 할 수 있는 일을 기록해 보세요

♠ 자기성찰지능 활동 목표:

○ 숲에 대한 고마움을 느낄 수 있다.

○ 숲에게 내가 할 수 있는 일을 알고 실천할 수 있다.

♠ 6차 유치원 교육 과정에서의 관련 요소

사회생활	사회 현상과 환경	환경 보전에 관심 가지기	아름다운 환경의 소중함을 안다.

♠ 7차 유치원 교육 과정에서의 관련 요소

건강생활	안전하게 생활하기	환경오염이나 재난에 대비하기	환경오염을 예방하는 방법을 알고 실천한다.

♠ 숲 속 장소(지명): 교실

♠ 활동 자료-숲 사진 자료

○ 유치원에서 가져가야 할 것: 비닐 봉투

○ 숲에서 구해야 할 것: 여러 쓰레기들

♠ 활동 시간: 30분

♠ 활동 방법:

○ 숲이 우리에게 주는 이로운 점을 알아본다.

○ 숲을 위해 우리가 할 수 있는 일을 목록별로 기록해 본다.

○ 숲이 우리에게 주는 이로운 점을 알아본다.

> 교사: 숲은 우리에게 많은 이로운 점을 주고 있어. 내가 아는 숲이 주는 이로운 점
> 에는 무엇이 있을까?
> 유아: 맑은 공기를 줘요. / 맛있는 열매를 줘요. / 종이, 나무의자를 만들 수 있도록 도
> 와줘요.

○ 숲을 위해 우리가 할 수 있는 여러 일들에 대해 이야기한다.

> 교사: 우리에게 이로움을 주는 숲을 위해 우리가 무엇을 할 수 있을까?
> 유아: 나무를 많이 심어요. / 숲에 놀러 가서 쓰레기를 버리지 않아요. / 나뭇가지나
> 꽃을 함부로 꺾지 않아요.

○ 숲을 위해 우리가 할 수 있는 일을 목록별로 기록해 본다.

> 교사: 우리가 직접 할 수 있는 일과 어른의 도움을 받아야만 할 수 있는 일로 나누
> 어서 우리가 직접 할 수 있는 일을 적어 보자.

♠ 유의점:

○ 교사 위주의 경험 이야기보다는 유아 중심적인 활동으로, 되도록 인공물보다
는 자연물로 소리를 만들기도 하면서 활동한다.

○ 숲을 위해 내가 할 수 있는 일을 이야기하기 전에 숲에 대한 좋은 점, 숲이
우리에게 주는 이로운 점들을 유아들이 느껴 본 후에 활동한다.

♠ 소감

○ 교사: 작은 것이라도 숲에게 해 주려는 아이들의 마음이 예쁘게 느껴졌다.

자기성찰지능 활동. 나는 누구일까요?

보광 어린이집

♠ **자아 성찰 지능 활동 목표:**

○ 자아 정체감을 확립한다.

○ 자신을 소중히 여기는 마음을 기른다.

○ 놀이를 통해 자신의 생각을 창의적으로 표현해 본다.

♠ **6차 유치원 교육 과정에서의 관련**

표현 생활	표현	극놀이로 표현하기	간단한 이야기나 상상한 것을 극화해 본다.
언어생활	말하기	경험, 생각, 느낌 말하기	주제에 대하여 함께 이야기를 나눈다.
탐구 생활	수학적 탐구	시간에 대한 기초 개념 알기	일상생활에서 일어나는 일의 순서를 알아본다.

♠ **7차 유치원 교육 과정에서의 관련**

표현 생활	예술적 표현 즐기기	극놀이로 표현하기	경험이나 간단한 이야기를 극놀이로 표현한다.
언어생활	말하기	생각과 느낌 말하기	주제에 대하여 함께 이야기를 나눈다.
탐구 생활	수학적 기초 능력 기르기	규칙성 이해하기	생활 주변에서 반복되는 규칙을 알고 다음에 올 것을 예측해 본다.

♠ **숲 속 장소(지명): 서울숲**

♠ **활동 자료**

○ 유치원에서 가져가야 할 것: 인간의 성장과정 그림 자료

○ 숲에서 구해야 할 것: 자연물

♠ **활동 시간: 30분**

♠ **활동 방법:**

○ 동그랗게 모여 앉아 동요('옛날이야기' 김진영 작사, 작곡)를 부른다.

○ 자신이 소중한 존재임을 이야기 나눈다.

> 교사: 우리는 어떻게 태어날 수 있었을까?
> 유아: 엄마, 아빠가 사랑해서 결혼해서요.

○ 인간의 성장과정 그림 자료를 보며 주제에 대해 이야기를 나눈다.

> 교사: 오늘은 숲에서 우리가 사랑하는 가족 모습 표현해 보는 놀이를 해 볼 거야.
>   자신이 하고 싶은 역할을 표현해 보자.
> 유아1: 나는 엄마 할래요.
> 유아2: 나는 할아버지요. 저 나무지팡이로 할래요.
> 교사: 그러면 숲에 있는 것들 중에서 어떤 것으로 역할 놀이를 해 볼 수 있을지 주
>   변을 한 번 둘러보자.

○ 주변을 다니며 유아가 각자 표현해 볼 자료를 수집해 온 뒤 자신이 하고픈 역
  할을 표현해 본다.

> 유아: 나는 누굴까요?

○ 친구들의 다양한 역할놀이를 평가하며 이야기 나눈다.

　교사: 친구가 누구를 표현한 것일까?
　유아: 할아버지요.

♠ 유의점:
○ 유아 스스로 표현하고픈 역할을 정하도록 이야기 나눈다.
○ 여러 모습이 표현되도록 창의적 활동을 격려한다.

♠ 사후 활동
<조형영역> "지팡이 꾸미기"
　수집한 나뭇가지를 색 테이프와 시트지 등으로 꾸며 할아버지, 할머니께 선물로
드린다.

♠ 활동 장면

▌ 아이고~ 허리야~

인간친화지능 활동. 나뭇잎 놀이

고하슬기 유치원

♠ 인간친화지능 활동 목표:

○ 나뭇잎의 생김새를 관찰한다.

○ 나뭇잎을 만지고 비비는 등의 촉감 놀이를 즐긴다.

○ 여러 모양의 나뭇잎을 이용하여 구성 활동을 한다.

♠ 6차 유치원 교육 과정에서의 관련 요소

건강 생활	감각 및 신체 인식	감각 기관을 활용하기	여러 가지 감각 기관을 협응하여 활동한다.
표현 생활	표현	만들기와 꾸미기	한 가지 재료를 활용하여 새롭고 다양한 방법으로 만들고 꾸며 본다.
탐구 생활	과학적 탐구	물체와 물질 탐색하기	물체의 움직임을 관찰해 본다.

♠ 7차 유치원 교육 과정에서의 관련 요소

건강 생활	나의 몸 인식하기	감각 기관을 활용하기	감각 기관을 협응하여 활동한다.
탐구 생활	과학적 기초 능력 기르기	물체와 물질에 대해 알아보기	물체와 물질의 변화 과정을 알아본다.

♠ 준비물:

○ 유치원에서 가져가야 할 것: 비닐봉지, 스케치북, 풀, 그리기 도구.

○ 숲에서 구해야 할 것: 다양한 나뭇잎

♠ 숲 속 장소(지명): 사패산

♠ 활동 방법:
○ 4월에 보았던 모둠나무에 대해 이야기 나눈다.

교사: 4월에 보았던 모둠나무 생각나나요? 어떤 모습이었나요?
유아: 키가 컸어요. 구멍이 있었어요.
교사: 지금 산책 가면 우리 모둠나무가 어떻게 변하였을까요?
유아: 잎이 있을 것 같아요. 나무가 더 컸을 것 같아요.
교사: 나무 주변은 어떻게 변하였을까요? 또 무엇을 볼 수 있을까요?
유아: 꽃이요. 풀이요. 나비요.
교사: 풀이나 꽃을 만지면 느낌이 어떨까요?
유아: 귀여울 것 같아요. 부드러울 것 같아요.

○ 산책길에서 유아들과 함께 길을 걸으며 이야기 나누었다.

교사: 주변을 둘러보자. 무엇이 보이니?
유아: 산이요. 나무요.

○ 모둠나무가 있는 곳에서 이야기한다.

교사: 우리 모둠나무가 어떻게 변하였나요?
유아: 잎이 있어요. 나무가 초록색이에요.
교사: 주변에 나뭇잎이 떨어져 있나 살펴보도록 해요.
유아: 여기 있어요.
교사: 나뭇잎을 손으로 비벼 봐요. 어떤 느낌이 나나요?
유아: 부드러워요. 까끌까끌해요.
교사: 나뭇잎을 비비는 소리를 들어 봐요. 어떤 소리가 들리나요?

유아: 바람소리 같아요. 피지직 소리 나요.

○ 우리가 유치원에서 사용할 나뭇잎과 풀들을 줍는다.

○ 활동을 회상하며 이야기 나눈다.

교사: 무엇을 보았나요?
교사: 우리 모둠나무의 모습은 어땠나요?
교사: 나뭇잎을 만지고 뿌려 본 느낌이 어땠나요?
교사: 나뭇잎을 비비거나 뿌릴 때 어떤 소리가 났어요?

♠ 유의점
○ 활동하고 온 후에는 반드시 손을 세밀하게 씻도록 한다.

♠ 나뭇잎 가족 〈사진 4〉 〈사진 5〉
○ 나뭇잎을 이용하여 사람을 만들고 가족을 꾸며 볼 것임을 이야기한다.

교사: 나뭇잎을 이용하여 가족을 만들려고 해요. 우리 가족은 몇 명인가요?
유아: 4명이요. 3명이요.
교사: 나뭇잎으로 어떻게 가족을 만들까요?
유아: 나뭇잎으로 옷을 만들어요. 팔다리는 그림으로 그려요.
교사: 그럼 너희들이 필요한 나뭇잎과 재료를 가지고 꾸며 보도록 해요.

○ 유아들이 만들어 온 나뭇잎 가족을 교실의 벽면에 게시하여 준다.

♠ 활동 장면, 결과물(유아들 결과물, 활동 장면 사진).

♠ 소감

○ 교사: 작년에 떨어져서 아직 썩지 않은 나뭇잎이 많아 활동하기가 수월하긴
했으나 위생적인 면이 염려되었고, 환경문제도 생각지 않을 수 없었다.
작년에 떨어진 낙엽이 아직까지 썩지 않고 있는 것은 최근에 다른 산에
서도 일어나는 현상으로, 큰 과제라고 생각된다.

♠ 유의점

○ 사전답사를 통해 다양한 나뭇잎이 많이 있는 곳을 확인해 둔다.

인간친화지능 활동. 아빠와 추억 만들기: 기차 여행

생동 유치원

♠ 인간친화지능 활동 목표:

○ 아빠(타인)와 함께 활동을 함으로써 아빠(타인)와 함께 효과적으로 해결하기 위해 아빠(타인)의 기분을 이해할 수 있다.

○ 가족의 소중함을 느낄 수 있다.

○ 숲에서의 다양한 자연의 모습을 관찰할 수 있다.

♠ 6차 유치원 교육 과정에서의 관련 요소

표현 생활	표현	만들기와 꾸미기	여러 가지 재료와 도구를 활용하여 자유롭게 만들고 꾸며 본다.
	감상	자연과 사물 및 조형 작품 감상하기	자연과 사물의 아름다움을 느낀다.

♠ 7차 유치원 교육 과정에서의 관련 요소

표현 생활	예술적 표현 즐기기	조형 활동으로 표현하기	조형 활동에 필요한 재료와 도구를 다양하게 사용한다.
	감상	아름다움 느끼기	자연과 다양한 음악, 춤, 조형물, 극놀이 등을 듣거나 보고 즐긴다.

♠ 숲 속 장소(지명): 나무와 돌이 많은 잔디밭이 넓은 곳(남이섬)

♠ 활동 자료

○ 유치원에서 가져가야 할 것: 본드, 우드락 액자판, 네임펜, 편지지, 연필.

226

○ 숲에서 구해야 할 것: 돌멩이, 나뭇잎, 작은 열매, 풀 등 다양한 자연물.

♠ 활동 시간: 30분

♠ 활동 방법:

○ 아빠와 함께, 여행에 오지 못한 엄마를 떠올리며 이야기를 나눈다.

> 교사: 아빠와 함께 여행을 오니 기분이 어떠니?
> 유아: 좋아요.
> 교사: 오늘 아빠와 함께 여행에 한 명을 더 초대한다면 너희들은 누구를 초대하겠니?
> 유아: 엄마요(형, 오빠, 할머니).
> 교사: 늘 우리를 위해서 밥도 해 주시고, 늘 우리를 사랑해 주시는 사람은 누굴까?
> 유아: 엄마요.
> 교사: 엄마를 기쁘게 해드리는 일에는 어떤 것이 있을까?
> 유아: 설거지(심부름, 뽀뽀……)를 해요.
> 교사: 여행에 함께 오지 못한 엄마를 생각하며 엄마의 얼굴을 꾸밀 거야. 엄마의 얼굴이 어떻게 생겼는지 생각하며 아빠와 함께 꾸며 보자.

○ 우드락 액자판에 자연물을 이용해서 엄마의 얼굴을 구성한다.

○ 액자 뒤에는 아빠와 함께 엄마에게 사랑의 편지를 쓴다.

○ 완성된 것을 보며 엄마의 얼굴이 잘 표현되었는지, 잘 표현되었다면 어떤 부분이 잘되었는지 이야기를 나눈다.

> 교사: ○○가 만든 엄마의 얼굴이다. 엄마의 얼굴이 잘 만들어졌니? 어디가 잘되었니?(완성된 것을 줄에 걸어 전시한다.)

♠ 유의점:

○ 주변에 돌멩이나 나뭇가지 등 엄마의 얼굴을 꾸밀 수 있는 자연물이 많은 장소를 선정하는 것이 중요하다.

♠ 사후 활동

○ 기차 여행을 다녀온 후 기억에 남는 것을 그림으로 표현한다.

○ 함께 활동했던 아빠께 감사의 편지를 쓴다.

♠ 소감

○ 교사: 유아들은 바쁜 일상 속에서 함께하지 못하는 아빠와 이야기를 나누며 과제를 해결하며 즐거워하였다. 아빠와 함께 문제를 해결하기 위해 나누는 대화 속에서 타인의 기분을 이해하고, 더 잘 만들기 위해 노력하는 유아들의 모습을 볼 수 있었다.

인간친화지능 활동. 적어지는 나뭇잎

열린 유치원

♠ 인간친화지능 활동 목표:

○ 게임을 통해 수 세기와 수의 많고 적음을 안다.

♠ 6차 유치원 교육 과정에서의 관련 요소

사회생활	집단생활	다른 사람을 이해하고 존중하기	의견의 차이가 있을 때 서로 의논하여 조정한다.
탐구 생활	수학적 탐구	분류하기와 순서 짓기	두 가지 준거로 사물을 모아 본다.

♠ 7차 유치원 교육 과정에서의 관련 요소

사회생활	이웃과 더불어 생활하기	다른 사람을 이해하고 존중하기	사람의 서로 다른 점을 존중하며 함께 지낸다.
탐구 생활	수학적 기초 능력 기르기	자료 정리 및 결과 나타내기	처음에 분류한 기준과 다른 기준으로 다시 분류한다.

♠ 숲 속 장소(지명): 한국 폴리텍 대학교

♠ 활동 자료

○ 유치원에서 가져가야 할 것: 화이트보드, 보드 마카, 헝겊 지우개.

○ 숲에서 구해야 할 것: 잎의 수가 많은 낙엽

♠ 활동 시간: 30분

♠ **활동 방법:**
○ 산책하다가 가장 예쁘고 신기한 나뭇잎을 수집한 뒤 가장 재미있게 생긴 나뭇잎을 찾아본다.

교사: 어떤 나뭇잎이 가장 신기하게 생겼니?
유아: 기차처럼 잎이 길게 있는 나뭇잎이요.

○ 유아들과 함께 결정한 나뭇잎을 수집해 온다.

교사: 이 나뭇잎으로 어떤 놀이를 할 수 있을까?
유아1: 머리띠처럼 머리에 써요.
유아2: 뜯기 놀이해요.
교사: 풀이 많은 이 잎을 가지고 어떻게 놀이를 해 볼까?
유아: 가위 바위 보로 이긴 사람이 뜯기 놀이해요.

○ 수집한 나뭇잎으로 하는 놀이에 대하여 느낌을 서로 나눈다.

교사: 친구와 함께 놀이하니깐 기분이 어떠니?
유아1: 재미있어요.
유아2: 가위 바위 보를 이겨야 잘 할 수 있어요.

♠ **유의점**
○ 나뭇잎을 꺾지 않고 주워 올 수 있도록 이야기를 나눈다.
○ 놀이 전의 나뭇잎 숫자가 동일한지 확인한다.

♠ **확장 활동**
○ 유아들과 주워 온 잎을 모아 흔들며 신나게 노래를 부른다.

♠ 사후 활동

<조형 활동> "나뭇잎 판화"

○ 롤러와 먹물을 이용하여 그림자 찍기를 한 후에 연상되는 것을 그림으로 그린다.

♠ 소감

○ 교사: 두세 명의 유아가 어울려야만 할 수 있던 활동이므로 친구의 소중함을
　　　되새기는 활동이 될 수 있었다.

♠ 활동관련 사진 혹은 그림 자료

▐ 〈가위, 바위, 보〉

참고문헌

교육인적자원부(1998). 유치원 교육 과정. 교육부: 대한교과서주식회사.

교육인적자원부(2007). 유치원 교육 과정(개정판). 교육과학기술부: 대한교과서주식회사.

남효창(2006). 애들아 숲에서 놀자. 서울: 추수밭.

다중지능연구소(2006a). 다중지능 교구 '지능숲' 안내서.

다중지능연구소(2006b). 강점 지능 살리면, 뜯어 말려도 공부한다, 시키지 않아도 공부하는 아이로 키우는 비결. 서울: 북 이십일 아울북.

다중지능연구소(2006c). 유아용 다중지능 프로젝트 프로그램.

다중지능연구소(2006d). 여덟가지 보완지능을 위한 놀이학교용 다중지능 프로그램.

다중지능연구소(2007a). 강점지능 활용 놀이센터 이스티움 프로그램.

다중지능연구소(2007b). IT영재교육협회 다중지능 창의프로그램 개발.

류숙희(1999). 상징체계이론: '인지'연구를 위한 새로운 패러다임. 교육연구. 성신여자대학교 교육문제 연구소, 34, 00－43.

류숙희, 김주현, 박은실(2005). 수행평가방식을 활용한 유아용 다중지능 검사 개발연구. 다중지능연구 시리즈 2005－1. 다중지능연구소.

류숙희(2006). 뇌과학 지식이 적용된 전생애 다중지능계발 교육. 뇌교육연구. 1집 국제평화대학원대학교 뇌교육연구소. 81－98

류숙희(2006). 학습부진과 다중지능이론. 한국다중지능학회, 다중지능이론과 창의성교육. 서울초등다중지능교육연구회. 한양대학교 사범대학.

문용린(2004). 지력 혁명. 서울: 비즈니스북스.

배용철(2003). 홀리스틱 생태 소양 학습 프로그램의 구안 적용이 아동의 생명 존중 태도에 미치는 효과. 인천 교육 대학교 교육 대학원 석사.

류숙희, 문용린(2001). 인간친화지능 교육프로그램 고찰(영문원고). A Review of

Multiple Intelligences Education Programs of Interpersonal intelligence(000 − 000). The SNU Journal of Education Research, 11.

이명환(2003). 숲 유치원의 교육학적 원리와 실제. 열린 유아교육연구. 11(1). 125 − 152.

이명환(2003). 독일의 숲 유치원에 관한 연구. 유아교육연구, 23(4). 23 − 48.

이선영(2005). 숲 체험 학습 프로그램이 초등 학생의 환경 태도에 미치는 영향. 서울 교육 대학교 교육 대학원. 석사.

정혜신(2003). 학교 숲에서의 홀리스틱 교육 프로그램에 관한 연구. 관동 대학교 교육 대학원 석사 학위 청구논문.

Bikel, K.(2001). Der waldkindergarten, Norden Media, o. O. 11 − 68.

Freud, M.(1998). Ein Mannlein spidt im walde, in Arbeitsgerneinschaft Natur − und Umwelbildung, a.a.O. 90 − 94.

Gardner(1991). N., et al.(1991). Intelligences: Multiple perspectives. Florida: harcourt Brace and company.

Gardner, H.(1983). Frames of Mind: The Theory of Multiple Intelligences. N.Y.: Basic Books.

_____(1991). Assessment in context. In B. R. Gifford & M. C. O'Connor (Eds.), Changing assessment: Alternative views of aptitude, achievement, and instruction. Boston; Kluwer.

_____.(1992). " "Multiple Intelligences" as a catalyst." English − Journal, 84(8). pp.16 − 18.

_____.(1993). Multiple Intelligence: The Theory in Practice. N.Y: Basic Books.

Gardner, N., et al.(1991). Intelligences: multiple perspectives. Florida: Harcourt Brace & company.

Gerhard, U.(1994). Kind and Natur. Opladen.

Hafner, P.(2002). Natur − und Waldkindergarten in Deutschland − eine Altenative zum Regelkindergarten in der vor schnlischen Erziehung. Dissertation an der univeritat Heidelberg.

Koller, S. & Leinert, C.(1998). WaldKindergarten, RIWA Verlag, Augusburg, 1 − 105.

Nedden, R.(1994). Waldkindergarten − eine chance fur die kinder, in: Arbeitsgeme in schaft Natur − und um Weltbildung, a.a.O., 11 − 19.

Patricia(1997). Multiple Intelligence in the Early Childhood Classroom. Sra.

Vialle, W. J. & Perry, J. (1995). *Nurturing Multiple Intelligences in the Australian Classroom.* Melbourne, Australia: Hawker Brownlow Education.

Sandhof, K.(1998). Mit Kinder in den Wald, Okotopia Ver lag, Munster, 17 − 22.

Seitz, M. and Halwashs, U.(1996). Montessorri oder Waldorf, Kosel, Munchen, 96 − 98.

http://kdric.daum.net/dickr/view_top.do

2008. 8. 20.

파울로 코엘료의 '연금술사'를 보면, 세상 사람들이 모두 이해할 수 있는 언어는 사랑, 열정 그리고 믿음으로 만들어지는 감동의 언어라고 합니다.

숲 프로그램을 하면서, 강릉 외할아버지가 떠올랐습니다. 어렸을 적, 할아버지 지게에 올라타고 숲으로 갈 때, 혹시 길을 잃을까 봐 아카시아 잎으로 표시를 하곤 했습니다.

2008년 이번 여름에 수정 작업을 하며, 그 표시를 발견하곤 했습니다. 책의 구성에 대해여 많은 것을 알려 주셨던 류숙희 박사님과 늘 웃음으로 대해 주셨던 원장님들의 열정이 이 책의 아카시아 잎이었습니다. 더불어 6차 유치원 교육 과정과 2009년부터 시행될 개정 유치원 교육과정을 비교, 검토 작업은 유치원과 다중지능을 연계할 수 있는 지침서가 되었습니다.

작업을 하는 중간에, 틈틈이 우리네 숲도 작년과 올해를 비교해 보았습니다. 좋은 점은 늘 한 자리에서 많은 혜택을 주는 숲에 대한 믿음이 생겼다는 점이고, 아쉬운 점은 산을 무분별하게 개발하거나 등산객들이 상처를 입혀 건강한 산이 줄어든다는 점이었습니다. 유치원 교육 과정이 유치원 각 현장을 적합하게 구성하는 지표가 되는 것인 만큼 이 교재도 숲과 관련된 경험을 할 때 참고하시는 이정표 역할을 하였으면 좋겠습니다. 숲을 느끼고 친해져서 진정한 교류를 한다면 숲과 소통하는 감동의 언어가 생성됩니다.

우리 모두가 숲에 대한 올바른 인식을 바탕으로 숲과 진정한 친구가 되었으면 좋겠습니다. 그 친구와 흥미 있는 놀이를 이 책으로 떠나 보세요. 바로, '연금술사'

의 '산티아고'처럼요.

　끝으로 이 책에서 가장 중요한, 현장의 목소리를 담아내어 주신 여러 유치원 선생님들과 보육 교사분들께 가슴 깊이 감사의 마음을 전하고 싶습니다.

김 순 녀

　다중지능이론은 지능을 "문제 해결 능력 또는 가치 있게 여기는 어떤 결과를 만들어 내는 능력"으로 정의합니다. 다중지능이론은 이름 그대로 일반지능과 같은 단일한 능력이 아니라 다수의 능력이 인간의 지능을 구성하고 있다는 가정과 그 능력들의 상대적 중요성은 동일하다는 기본 가정에서 출발하였습니다. 다중지능이론의 핵심은 종래의 지능 개념이 논리력과 언어력 위주의 학업 적성만을 강조해 온 것에 반감을 갖고, 인간 사회에서 가치 있게 여기는 다른 종류의 능력, 즉 공간능력, 음악능력, 신체-운동 능력, 대인관계 능력, 개인지각 능력 등도 역시 동등하게 취급해야 한다는 데 있습니다.

　이에 대해 '다중지능 숲 프로그램'은 역시 획일화 격식화된 언어력 위주의 학습환경에 반하여, 우리 인간에게 가장 가치 있는 소재인 숲을 통해 생명의 소중함과 자연의 소중함을 느끼는 계기가 될 수 있을 것이며, 숲이라는 인류 공용의 소재로부터 공간, 음악, 신체 및 대인관계, 지각능력까지도 성장시킬 수 있을 것이라 생각합니다.

황 창 하

　숲은 '딱딱하고' '답답하고' '틀에 박힌' 인공 구조물들이 만연한 이 시대에 '새롭고', '자유롭고', '친환경적인' 자연의 보물 창고가 되어 주지요. 생명이 숨 쉬는 숲에서 자유롭게 뛰놀며, 마음껏 탐색하므로 자연 그대로의 아름다움을 느끼고, 생명이 여러 모양으로 존재하는 모습을 직접 자연물을 통해 세심히 관찰하여 관찰력을 기르고 맘껏 뛰놀면서 공간지능, 신체지능이 발달하게 됩니다. 우리아이들에게 생명의 존귀함과 놀라움을 경험하게 해 줄 것이라고 생각합니다. 다중지능 프로그램은 유아기에 가장 중요한 산 경험을 통해 감각을 자극하고 감성을 키워 주며 정해진 출발선을 지우고 유아 각자가 원하는 방향으로 달릴 수 있게 해 주는 '자유달리기'와 같다고 생각합니다. 한 명이 아닌 모두가 일등이 될 수 있는 그런 달리기. 하나의 출발선, 신호음이 아닌 우리 아이들이 뛰고 싶은 곳으로! 뛰고 싶을 때 달리게 해 주는 달리기 말입니다. 하나의 잣대로 평가되는 전통적 가치평가에서 아이들 편으로 한 걸음 다가가 유아들의 내면의 소리를 더 자세히 들을 수 있게 해 주며, 개개인의 강점을 극대화시킬 수 있는 의미 있는 프로그램입니다.

조 월 득

  지능은 단일한 능력이 아니라 다양한 지능이 인간의 지능을 구성하고 있고 이러한 지능 중에 강점을 키우는 것이 가장 효과적으로 말한 사람은 하워드 가드너입니다. 그는 지능을 단순 기술과 수치로 판단하기보다는 뇌의 잠재력을 믿고, 넓은 시각에서 접근하고자 하였습니다.

  가드너는 인간의 지능에는 음악, 신체운동, 논리수학, 언어, 공간, 인간관계, 자기성찰지능으로 구성되어 있다고 하였고 최근엔 자연지능을 첨가하였습니다. 그 외에도 많은 지능이 있지만 본 연구에서는 8가지 지능 중심으로 활동을 소개하고자 합니다.

  좋은 교육 프로그램은 성격 좋은 어린이로 성장할 수 있게 돕는 것입니다. 성격을 획득하기 위해서는 자신의 욕구가 적절히 조절되어야 합니다. 또한 자기 실현할 수 있어야 한다고 생각합니다. 스스로 전문성을 획득하고 미래의 노력을 위해 방향을 찾기 위한 환경 조건을 만들어 주는 것이 교육의 목표라면 숲 활동 프로그램의 목표는 때로는 안내하며 적절하게 잠재력을 끌어내어 주는 것이며 어린이가 행복감을 느끼도록 하는 것입니다. 어린이의 변화가 수동적으로 이루어지는 것이 아니라 자기 주도적으로 나와 친구 우리를 생각하는 안목을 기르도록 해야 합니다. 이

프로그램은 자신이 획득한 지식이 나쁘게 활용되게 하기보다는 우리의 행복, 더불어 세계 행복을 생각하는 어른으로 성장하고자 합니다. 다중지능교육이 단순히 특기교육의 하나로 생각되어서는 안 됩니다. 어린이 각자가 스스로의 행복과 거시적인 안목으로 행해야 할 일을 새롭게 알고 생명의 소중함과 자연의 소중함을 느끼는 계기가 될 수 있는 교육으로 자리 잡아야 할 것이며, 이 프로그램은 바로 이를 실현해 줄 첫 단추라고 생각합니다.

박 옥 순

　우리 유치원은 숲과 공원이 가까이에 있어 숲에 대해 많은 조사 및 체험을 할 수 있고 유아들이 다양한 나뭇잎, 꽃에 대해 관심도 많고 계절도 여름이라 여름 숲 속에 대해 주제 선정 후 이 프로그램을 진행하기로 하였습니다.

　우리 유치원은 산과 공원들이 대체로 가까이에 있고, 유치원 대문에서 20미터 앞에는 발바닥 공원이 있는 자연적인 조건을 가지고 있습니다. 그래서 매주 공원 산책과 더불어 매월 등산을 하는 프로그램을 가지게 되었고, 자연스럽게 숲에도 가까워지는 계기가 되었습니다.

　사계절의 변화를 늘 눈으로 접하고 가슴으로 느끼며 신체로, 언어로, 그림으로 표현하는 유아들을 보며 참으로 자연은 우리 유아들에게 전인적 교육을 배우게 하는 소중한 벗임을 느끼게 합니다. 교실 안에서는 정형화된 교구들로 놀이를 하고 있지만 산책과 등산을 다녀온 후의 유아들의 해맑은 표정들은 기쁨과 벅찬 감격으로 말하고 싶어 어쩔 줄 몰라 하는 모습들입니다. 손에 나뭇잎, 나뭇가지와 솔방울들을 주어 와서 작업을 할 때면 교실은 어느새 떠들썩합니다. 생동감 있게 살아서 움직이는 교실이 바로 숲이 주는 기쁨일 것입니다.

　유아들은 교사가 주도하지 않아도 숲에서 자연스럽게 자연의 변화를 이해하고, 탐색하며, 적응하여 나갈 것이며, 숲을 아끼고 사랑하게 될 것입니다.

　또한 숲에서는 외부의 강요나 강압이 없는 자발적 활동을 권장하고, 결과보다는 과정에 즐겁게 참여하도록 이끌어 준다면 유아는 자연스럽게 자신의 감정을 표현

함으로써 내면의 불편하고 불행한 감정을 해소시켜 주고, 정서적 안정감을 주어 긍정적 발달을 도와줄 수 있을 것입니다. 더 나아가 어려서부터 숲에서의 놀이체험이 많아진다면 자연스럽게 창의적이며, 유아가 가지고 있는 개성을 촉진시켜주는 데 도움이 될 것입니다. 모든 것을 나누어 주고도 더 풍성해지는 숲은 유아들에게 교사가 될 것이며, 유아는 숲을 닮아 가리라 믿습니다.

이 계 화

숲은 '수풀'의 준말로 나무와 풀이 우거진 곳을 말하며, 숲을 이루는 나무와 풀에 따라 부르는 말도 다양하다고 합니다. 예로부터 조상들은 숲과 가까이 지내면서 정신적인 안정을 찾고, 이곳에서 삶의 진리를 찾는 공간으로 여겼습니다.

곳곳에 개발을 앞세워 산과 나무를 깎아 인간을 위한 시설을 만드는 것에 주력하는 사람들이 있는가 하면, 최근에는 삭막한 도시 속에서 숲을 느끼고자 하는 사람들이 늘어나면서 크고 작은 인공 숲을 많이 만들기도 합니다. 숲은 우리에게 항상 건강하고 생생한 모습을 보여 주며, 날마다 변화하는 생명의 놀라움을 자랑합니다. 숲에는 나무와 풀만 존재하지 않고 숲은 이를 터전으로 삼는 많은 생명을 불러모아 함께 더불어 사는 모습을 보여 줍니다.

유아들로 하여금 자연의 소중함, 생명의 소중함, 나아가서는 더불어 사는 삶을 알 수 있도록 하기 위한 방법으로 '숲과 가까이 하기'만큼 좋은 주제는 없을 듯합니다.

박 인 기

우리는 흔히 숲을 생각하면 나무를 떠올리게 됩니다. 그렇기 때문에 사람들은 숲에 가면 마음껏 떠들기도 하고 메아리쳐 봅니다. 그러나 숲에는 나무와 새, 들꽃, 동물, 곤충, 미생물 등 수없이 많은 생물들이 어울려 살아가고 있기에 숲은 생명으로 가득한 곳입니다. 이런 숲에서 우리는 시각만이 아닌 오감을 사용하여 온몸으로 느끼고 자연과 어우러져 하나가 되는 체험을 통하여 자연에 대한 친근감과 올바른 인식을 갖게 됩니다. 더불어 살아가는 방법을 가르쳐 줄 수 있는 숲 프로그램은 21세기의 빼놓을 수 없는 중요한 교육 프로그램이라고 할 수 있습니다.

이 미 진

저자소개

류숙희 (다중지능연구소 연구실장)
김순녀 (다중지능연구소 연구원)
황창하 (마포 계명유치원 원장)
이계화 (도봉 행복한유치원 원장)
조월득 (용산 보광어린이집 원장)
유선미 (의정부 노벨유치원 원장)
박옥순 (의정부 자연유치원 원장)
윤경희 (수원 열린유치원 원장)
박인기 (은평 색동유치원 원장)
이미진 (교하 슬기유치원 원장)

유아들과 함께하는 **다중지능 숲 프로그램**

초판인쇄 | 2008년 12월 8일
초판발행 | 2008년 12월 8일

지은이 | 류숙희, 김순녀, 황창하, 이계화, 조월득
유선미, 박옥순, 윤경희, 박인기, 이미진
펴낸이 | 채종준
펴낸곳 | 한국학술정보㈜
주   소 | 경기도 파주시 교하읍 문발리 513-5 파주출판문화정보산업단지
전   화 | 031) 908-3181(대표)
팩   스 | 031) 908-3189
홈페이지 | http://www.kstudy.com
E-mail | 출판사업부 publish@kstudy.com

등   록 | 제일산-115호(2000. 6. 19)
가   격 | 15,000원

ISBN   978-89-534-7525-0 93370 (Paper Book)
       978-89-534-7526-7 98370 (e-Book)